MW01484294

TÉCNICAS PROIBIDAS DE PERSUASÃO, MANIPULAÇÃO E INFLUÊNCIA USANDO PADRÕES DE LINGUAGEM E TÉCNICAS DE PNL

COMO PERSUADIR, INFLUENCIAR E MANIPULAR USANDO PADRÕES DE LINGUAGEM E TÉCNICAS DE PNL (SEGUNDA EDIÇÃO)

STEVE ALLEN

Edição 2.0 – Maio, 2018

Postado por Editorial Hexagonal

ISBN: 978-1958236000

Conheça outros títulos do autor www.amazon.com/author/pnl

Imagem de capa usada com licença Shutterstock.com

CONTENTS

CHAPTER 1
PREFÁCIO

Talvez você seja um profissional de vendas com experiência que busca aprimorar suas habilidades, ou talvez gerencie um negócio e busca formas de crescer com mais facilidade, talvez você queira aperfeiçoar suas habilidades de comunicação, tanto em sua vida profissional como pessoal, ou talvez simplesmente gostou da capa e se sentiu obrigado a dar uma olhada no conteúdo. Não posso saber. No entanto, de uma coisa eu tenho certeza: se você está lendo isso, é porque tem uma mente aberta a mudanças e leva o seu sucesso pessoal muito a sério.

Ao longo de meus estudos sobre as pessoas, me fascina a diferença que uma mudança sutil nas palavras pode fazer no resultado de uma conversa e foi esta compreensão que me levou a estudar os gatilhos precisos que causam uma mudança no sistema de crenças de uma pessoa.

No ano de 2015 publiquei a primeira edição deste livro, da qual estou muito orgulhoso, não só porque esse pequeno livro alcançou muitas listas de best-sellers, mas porque as pessoas que leram e aplicaram o que aprenderam, obtiveram excelentes resultados ao empregar mudanças simples na escolha de suas palavras. Esta é uma edição revista e ampliada deste pequeno grande livro.

Me permita explicar um pouco o que são os padrões de linguagem.

Os padrões de linguagem são conjuntos de palavras que falam diretamente na mente subconsciente das pessoas. A mente subconsciente é uma poderosa ferramenta na tomada de decisões, porque está pré-programada através de nossos condicionamentos, o que nos faz tomar decisões sem analisar demasiado. Funciona mais ou menos como um computador, só dá respostas do tipo "sim" ou "não" e nunca pode entregar um "talvez". É poderosa, decisiva e se move rapidamente. Portanto, se aprendemos a usar palavras que falam diretamente à parte de nossa mente que não cogite o "talvez", teremos uma enorme vantagem e um aumento imediato em nosso poder de influência e persuasão.

Os padrões de linguagem que você vai aprender neste livro são testados e demonstraram proporcionar excelentes resultados quando aplicados corretamente. No entanto, este livro é muito mais do que apenas padrões de linguagem. À medida que avançar na leitura de cada capítulo, você terá uma poderosa visão do que faz as pessoas agirem e aprenderá como, simples mudanças, que podem ser aplicadas imediatamente em sua linguagem, podem tornar a sua vida muito mais fácil.

Como você verá, alguns dos exemplos utilizados estão focados em vendas, já que são genéricos. No entanto, embora você pense que não está vendendo um produto ou serviço, você sempre está vendendo: Vende suas ideias, suas opiniões e suas decisões. O que quero dizer com isto é que todos os princípios aqui discutidos são facilmente transferíveis para qualquer área de sua vida, e lhe ajudarão a ser mais persuasivo, influente e a provocar um impacto maior em tudo o que fizer, mas realizar o trabalho mental de aplicar esse conhecimento nas situações específicas, depende de você! Eu adoraria usar exemplos específicos de situações que você possa estar enfrentando neste momento, mas ao menos por ora, isto é tecnicamente impossível.

Meu conselho é que mantenha um caderno e uma caneta com você enquanto lê. Procure criar seus próprios exemplos enquanto trabalha cada padrão e, em seguida, tome a decisão de aplicar o mais rápido possível, para se sentir mais confortável e seguro, cada vez que o fizer. Procure se sentir confortável com o desconforto durante a leitura deste livro, pois isso lhe fará crescer.

Quando você terminar de ler o livro, estou ansioso por saber de seus resultados, de modo que, se desejar, pode entrar em contato comigo em steve.allen@pnlypersuasion.com e me contar a sua experiência de se converter em um catalisador de decisões mais capacitado.

CHAPTER 2
INTRODUÇÃO

Quer você esteja conversando com o seu parceiro, seus amigos, enviando um e-mail de trabalho, vendendo um produto, um serviço, contando uma história ou caso queira simplesmente impressionar, motivar e influenciar os outros desde o primeiro encontro, você precisa saber os métodos que os mestres da persuasão utilizam para mudar os pensamentos das pessoas e levá-los a uma mudança de atitude.

Eu tenho dedicado grande parte do trabalho de minha vida à arte esquecida da comunicação e ao poder que as palavras certas, no momento certo, possuem para alcançar os resultados desejados. E eu aprendi que as decisões tomadas pelas pessoas que nos rodeiam dependem de nossa capacidade de saber exatamente o que dizer, quando dizer e como dizer. Este livro oferece informações táticas sobre o poder das palavras e lhe fornece as ferramentas para convencer e motivar as pessoas a agirem de acordo com o que você deseja.

A persuasão está em todas as partes. Não importa para onde você olhe e não importa com quem você fale. A situação é esta: ou é você quem está tentando persuadir alguém ou alguém está tentando persuadir você. Pense nisso por um momento. Se não convencer seu chefe que merece um aumento, ele o convencerá de que não está pronto para esse aumento, e você sairá acreditando que precisa trabalhar mais um ano, ou muito mais, antes de merecê-lo.

Dizer, portanto, que a capacidade de influenciar, persuadir e conviver com as pessoas é importante, seria uma dramática subestimação. A pesquisa realizada pelo "Carnegie Institute of Technology" mostra que sua habilidade para se comunicar, persuadir e liderar habilmente, ou seja, a "engenharia humana", representa 85% de seu sucesso financeiro e apenas uns míseros 15% se deve ao conhecimento técnico. Em outras palavras, a sua capacidade de influenciar e persuadir é quase seis vezes mais importante do que o intelecto, talento ou habilidade.

Neste livro, você descobrirá o que faz com que as pessoas se movam. Você vai encontrar uma coleção das técnicas mais persuasivas, utilizadas por políticos, publicitários, escritores de propaganda, e todos aqueles que são capazes de mudar rapidamente os pensamentos de um indivíduo ou de um grupo de pessoas. Você pode usar essas técnicas para fazer com que uma pessoa faça coisas que normalmente não faria, mudar suas crenças, mudar seus pensamentos, convencê-las de algo ou colocá-las em movimento. Qualquer que seja a sua motivação, nas páginas seguintes, você vai encontrar as ferramentas que precisa.

À medida que aumenta o interesse em PNL, a persuasão velada (Covert Persuasion em inglês) e os padrões de linguagem persuasivos, parecem ser os que geram mais confusão e informação de pouca qualidade, mas a boa notícia é que o aprendizado de padrões de linguagem persuasiva é relativamente simples quando se utiliza uma boa aproximação e esse é o objetivo deste livro. Este livro não foi concebido para fins acadêmicos, mas sim para ser posto em prática na vida real e para ser um guia orientativo que lhe permitirá construir rapidamente fundamentos sólidos. Também é importante destacar que, apesar deste livro conter informações que a maioria dos praticantes de PNL não utiliza, não é um curso completo de PNL. Meu objetivo neste livro é apresentar os padrões de linguagem, de forma rápida, para que você possa começar a aplicá-los imediatamente após a leitura.

Os padrões que você aprenderá foram retirados de manuais de operações psicológicas, notas de psicólogos, manuais de vendas e experimentos. Estas ferramentas podem ser tão poderosas e potentes que podem ser maléficas ou benéficas para aqueles que lhe rodeiam, portanto faça um uso ético delas. E este é um bom momento para lhe dar algumas palavras de advertência: Este livro pode ser nocivo à sensibilidade de algumas pessoas. Por favor, só leia se você se sentir realmente preparado para melhorar suas habilidades de comunicação elevada. Se você é uma pessoa sensível, este livro não é para você.

Tudo o que você aprenderá aqui é simples, fácil de aplicar e funciona. Você aprenderá a explorar o nosso processo natural de tomada de decisões. Foi demonstrado que a tomada de decisões está mais fundamentada nas emoções e nas suposições do que na lógica, mas embora tenhamos, todo o tempo, diversas fontes de informação, a maioria das pessoas não está interessada em pesquisar para tomar a melhor decisão. Na verdade, mesmo quando uma pessoa pesquisa sobre um tema específico, continuará fazendo suas escolhas com base no que prefere emocionalmente ou em suas suposições, contrariando sua preferência racional, portanto, nas páginas seguintes, veremos como aproveitar esta lacuna.

Você certamente já imaginou tudo o que pode conquistar ao aperfeiçoar as suas habilidades de persuasão, então eu vou lhe falar o que vai acontecer se você não tiver habilidades de persuasão. Se você é pai, não conseguirá que seus filhos arrumem suas camas. Se você lidera uma equipe de trabalho, terá dificuldades em melhorar o desempenho ou a eficiência dos membros da equipe. Se você é professor, será um desafio fazer com que seus alunos apresentem as tarefas. Se você é um vendedor, será uma tarefa árdua fazer com que os seus potenciais clientes comprem seus produtos. Se você é empresário, terá dificuldades em fazer com que os investidores aceitem a sua visão. Se você está em uma negociação, não conseguirá obter concessões de seus colegas. E a lista continua...

Portanto, sem habilidades de persuasão, você simplesmente não consegue nada das pessoas! Aperfeiçoe esta habilidade e você vai resolver praticamente tudo o que quiser. Se você deseja criar uma mudança duradoura ou promover um "bem verdadeiro e permanente", como defendeu Andrew Carnegie, então você precisa provocar um movimento. Não importa se você quer começar um negócio, uma organização sem fins lucrativos ou uma família. Não importa se você quer organizar um passeio, escrever um livro ou ir a Marte. Você não pode fazer isso sozinho. É difícil ser um líder se ninguém segue você. Se quiser mover montanhas, você deve ser capaz de mover pessoas.

A maioria das pessoas tenta motivar outros suplicando, subornando ou argumentando até a morte e, quando isso não funciona, se desespera e começa a repreender, lutar, impor ou enganar para obter os resultados que deseja. Se acredita que o único objetivo da comunicação é "chegar ao sim", quando, na realidade, não queremos apenas que as pessoas nos digam "sim", mas queremos que se comprometam e façam o que disseram que fariam. E em relação a isso, lhe direi qual o grande segredo da persuasão: a persuasão está no processo e não no seu objetivo. Permita-me esclarecer isso. Se você tentar motivar as pessoas diretamente, fracassará. Se você já tentou mudar o comportamento de alguém, você sabe que isso é dolorosamente verdadeiro. Como diz um velho ditado: "Você pode levar um cavalo à água, mas não pode obrigá-lo a beber água". No entanto, pode provocar a sede nele.

Portanto, o segredo da motivação, da influência e da persuasão está em aprender a criar as condições em que o cérebro humano se torna "sedento" de tal forma que o corpo o segue. A boa notícia é que a grande maioria dos cérebros já se mostram sedentos, de alguma forma. Todos nós vivemos movidos por uma série de desejos e necessidades, e você só tem que se aprofundar um pouco para encontrar as necessidades e tirar proveito delas. Como fazer isso? Com os padrões de linguagem.

Os padrões de linguagem neste livro não são apenas palavras. Suas raízes tocam as necessidades mais profundas que cada pessoa possui. Por exemplo, ao usar a palavra "por-que" estamos tentando estabelecer um propósito, ao dizer "sim" estamos mostrando aceitação, usar o nome de uma pessoa mostra importância. Todos estes são impulsos e necessidades que todos nós seres humanos, tentamos satis-fazer e que neste livro você aprenderá a explorar.

Neste momento é importante fazer um esclarecimento. Existem algumas diferenças entre os padrões da linguagem escritos e falados. Os padrões orais são intangíveis e, portanto, são menos sutis, mas tudo que é ensinado neste livro funciona, tanto na forma escrita como oral. A chave dos padrões escritos está, mais em encontrar uma sequência estratégica de representações internas, do que focar em um padrão específico. Parece complicado? Nos capítulos seguintes você entenderá perfeitamente o que eu quero dizer, mas o importante agora é que entenda que este conteúdo é aplicável em ambas as situações.

Muito bem, agora vamos refletir sobre o seguinte: O que é mais importante: as palavras ou a linguagem corporal?

Em 1967, o professor da UCLA, Albert Mehrabian, publicou dois trabalhos de pesquisa que hoje em dia se tornaram muito famosos. Estes estudos mostraram que apenas 7% do que comunicamos tem a ver com as palavras que usamos, enquanto que 38% é transmitido através de nosso tom de voz e 55% através da linguagem corporal. Desde então, a frase "Não é o que você fala, mas como fala" se tornou um clichê! Nas últimas cinco décadas, os "especialistas" têm apresentado esta estatística como um meio para vender seus livros ou para atrair expectadores para seus seminários de linguagem corporal. No entanto, as pessoas muitas vezes não entendem completamente o que, realmente, o estudo original descobriu.

Se você acreditar na interpretação popular do estudo de Mehrabian, então você seria capaz de ver um filme em outro idioma e compreender 93% de tudo o que acontece apenas com o tom vocal e linguagem corporal, mesmo se você não falar o idioma! Por acaso você pode fazer isso?

Bom, obviamente não funciona assim. Isto é o que o próprio Mehrabian disse: "Essas observações são aplicáveis somente quando o comunicador está falando de seus sentimentos ou atitudes." Isso explica por que podemos ver um programa de televisão em outro idioma e podemos perceber com precisão as emoções que os personagens estão sentindo, mas nada mais além disso.

Então, é mais importante o que você diz do que como diz? Ou vice-versa? Ou será que depende da situação?

Na verdade, esta não é a pergunta correta. O que você diz não é necessariamente o mais importante. Tampouco a forma como diz é necessariamente o mais importante. Mesmo a intenção por trás do que você diz não é, necessariamente, o mais importante. Então, deixe de se preocupar com todas essas coisas. Isso não se trata de você. Em contrapartida, comece a se concentrar no que as pessoas ouvem. Em vez de dar atenção aos percentuais, devemos começar a observar o efeito geral do que estamos comunicando tem sobre as pessoas com quem compartilhamos, e para compreender o efeito de nossa comunicação, precisamos compreender o funcionamento do cérebro.

Nosso cérebro adora atalhos. O mundo é um lugar complexo e seu cérebro está sendo atacado constantemente com uma enorme quantidade de informações sensoriais, o que faz você ter uma série de respostas pré-programadas para ajudá-lo a lidar com isso tudo. É por isso que, quando você ouve um grande barulho repentino, o seu corpo se sobressalta. Quando vê um prato delicioso, sua boca saliva. Quando a sala está escura ou na penumbra, você fica sonolento. Tudo acontece automaticamente. Você não tem que pensar, simplesmente acontece. Você experimenta essas respostas condicionadas porque o seu cérebro aprendeu a antecipar o que virá depois.

Algumas dessas lições estão programadas em nossos cérebros através de milhares de experiências que ocorrem repetidamente em nossa vida. Mais respostas como essas estão profundamente pré-programadas, graças a centenas de milhares de anos de evolução de nossos antepassados.

Então, é possível que tenhamos reações similares de "causa e efeito" quando ouvimos certas palavras? É possível existir algumas peças de comunicação humana que universalmente comandam uma reação muito específica de "atalho"?

A resposta é SIM. O interessante aqui é perceber que também podemos buscar de forma intencional essas reações nos cérebros das pessoas que nos rodeiam, para nos comunicarmos mais eficazmente. Como você verá, as palavras e padrões de linguagem discutidos neste livro não são apenas palavras ou expressões que estão na moda. Não dependem do estado ou da educação do ouvinte. Em alguns casos, nem sequer importa se a pessoa está ouvindo conscientemente. Sua eficácia também não muda quando são traduzidos para outros idiomas, e não são afetadas por mudanças culturais. A beleza do fenômeno criado pelos padrões de linguagem que você vai aprender, está na capacidade de causar respostas profundamente humanas e instintivas.

Agora, veremos algo que a maioria das pessoas não compreende completamente, ou se nega a aceitar. Cada vez que você fala com alguém, está afetando o cérebro dessa pessoa. Mesmo se você escolher não falar, o seu silêncio também o afeta. Sua comunicação muda a neuroquímica dos que os rodeiam. As pessoas geralmente se recusam a aceitar isso, porque temem ser manipuladores. Para alguns, por motivos éticos, a ideia de influenciar os pensamentos de outras pessoas não lhes atrai, e outros simplesmente não querem aceitar a responsabilidade. No entanto, para se comunicar de forma eficaz, você deve aceitar este fato: quer queira ou não, você está manipulando os pensamentos, sentimentos e ações dos outros.

Quando pensamos em manipulação, pensamos em alguns manipuladores infames da história, como Adolf Hittler, Bernie Madoff, Frank Abagnale Jr. ou qualquer outra pessoa que use as mesmas habilidades para vender carros usados em péssimo estado, absolver acusados culpados ou enganar milhões de pessoas pobres, mas não podemos nos esquecer de outros grandes manipuladores da história, como a Madre Teresa de Calcutá, Abraham Lincoln, Martin Luther King Jr., Winston Churchill, Gandhi, Eleanor Roosevelt e muitos outros que usaram o poder das palavras para colocar as pessoas em movimento, levando-as a lutar pelos direitos humanos, pela abolição da escravatura, para dar voz e força aos fracos ou para realizar uma reforma política. Ambos os grupos influenciaram pensamentos, emoções e ações de centenas de milhares ou milhões de pessoas, mas a diferença está na intenção. Ninguém duvida de que a comunicação é uma ferramenta poderosa. E como acontece com qualquer ferramenta física que você tenha em sua casa, a comunicação pode ser usada para construir ou para destruir. Nas mãos de um chef, uma faca é uma ferramenta útil, enquanto que, nas mãos de um assassino, é uma arma letal, mas o importante não é a faca em si, mas a intenção da pessoa que a usa.

No decorrer deste livro eu lhe fornecerei ferramentas poderosas para conseguir o que quiser, mas antes de utilizar qualquer uma delas, eu aconselho que você faça o "teste da opinião pública". Se pergunte: "O que aconteceria se a minha família, amigos e colegas pudessem ouvir esta conversa? Como se sentiriam em relação a minha intenção? Quando a nossa intenção é questionável, tendemos a querer nos esconder nas sombras. Se você força as pessoas a fazer coisas que contrariam suas crenças, eventualmente você vai perder credibilidade, confiança e amizades, motivo pelo qual esta prova da opinião pública pode ajudá-lo a evitar se envolver em situações que contrariam a sua moral.

CHAPTER 3
COMO USAR ESTE LIVRO

E ste livro foi desenvolvido com o objetivo de ajudá-lo a entender os padrões de linguagem e a psicologia humana. Esta compreensão lhe dará a oportunidade de descobrir o porquê do comportamento das pessoas e como você pode usar estas tendências naturais para influenciar e persuadir.

A maioria dos livros de não-ficção começam com uma explicação seca, fastidiosa e, às vezes, desnecessária, do que veremos nas páginas seguintes, mas, se você já leu algum dos meus outros livros, sabe que meu estilo é diferente. Não quero escrever um livro que gere em você a sensação de ter perdido tempo, por isso eu coloco todo o meu esforço em entregar apenas a informação necessária, da maneira mais concisa possível. Este livro não é exceção. Aprecio muito o seu tempo e lhe guiarei passo a passo através deste processo de aprendizagem.

O livro está estruturado em três partes. Na primeira parte, você vai aprender os conceitos básicos sobre programação neurolinguística. Você aprenderá como funciona o nosso cérebro e vai dominar poderosas técnicas para gerir seu cérebro e o dos outros. O fascinante nessa parte do livro é que as técnicas de PNL são aplicáveis, tanto em si mesmo como nos demais, pelo que você poderá experimentar em primeira mão a sua eficácia.

Na segunda parte, você vai aprender os princípios de persuasão. Aqui você vai entender porque os padrões de linguagem funcionam e você terá um quadro de trabalho que será como um mapa que lhe permitirá saber, a qualquer momento, o que você tem que dizer e, o mais importante, o que não tem que dizer. Esta parte é fundamental, já que lhe permite dispor de um modelo de regras com as quais você pode implementar facilmente os padrões de linguagem.

Por último, na terceira parte, você vai aprender padrões de linguagem específicos. Veremos padrões projetados para eliminar a resistência, para levar as pessoas a focarem no que lhe interessa e, em geral, você vai aprender a fazer com que as pessoas avancem na direção que deseja levá-las. Todos os modelos que veremos são fáceis de aprender e podem ser facilmente integrados em uma conversa normal, ao usar os princípios de persuasão aprendidos na segunda parte como um guia.

Se me permite lhe dar um conselho: Se quiser você pode ir diretamente para o padrão que lhe interessa, mas eu recomendo que você leia todo o livro para ter melhores resultados. Leia cada capítulo, compreenda, pratique e, em seguida, avance para o seguinte.

Para tirar o máximo proveito deste livro, você tem que praticar. Encontre um padrão que lhe sirva e pratique sempre que puder. Lembre-se que todo o crescimento, desenvolvimento pessoal e aprendizagem são gerados fora de sua zona de conforto. Experimente coisas novas. Ria de si mesmo e se permita errar. Confie em mim.

Para ser espontâneo com o uso desses padrões você deve

passar algum tempo pensando sobre as frases e depois praticá-las em voz alta. Brinque, divirta-se e lembre-se que o importante não é aprender o padrão mais complexo, mas ter uma ideia simples e usá-la para conseguir os resultados que deseja.

PART I

CONCEITOS BÁSICOS DE PROGRAMAÇÃO NEUROLINGUÍSTICA

"Não espere, o momento certo nunca chega. Comece a partir de onde está e com as ferramentas que você tem. No caminho você vai encontrar ferramentas melhores." - Napoleon Hill

Vamos começar esta aventura de aperfeiçoamento de nossas habilidades de persuasão e influência, lançando luz nos sinuosos caminhos da programação neurolinguística, também conhecida como a ciência do sucesso. A programação neurolinguística ou PNL, aborda a influência que a linguagem tem sobre a nossa programação mental e o resto das funções do nosso sistema nervoso. Leia novamente: A programação neurolinguística ou PNL, aborda a influência que a linguagem tem sobre a nossa programação mental e o resto das funções do nosso sistema nervoso. Isto quer dizer que o funcionamento do nosso sistema nervoso (neuro) está intimamente relacionado com a nossa capacidade para a linguagem (linguística) e as estratégias (programas) através dos quais nos comportamos e relacionamos, ou seja, em termos simples, a PNL é uma ferramenta poderosa para manipular nossos processos mentais conscientes e inconscientes, e, também, para manipular os processos mentais de outros.

Portanto, com a linguagem, podemos criar ou modificar percepções, em nós mesmos ou nos demais. Cada dia interagimos e nos comunicamos com outras pessoas através da linguagem, de nossas ações, de nossa linguagem corporal e até mesmo através de nossas expressões faciais, e esta interação tem uma enorme influência na forma como nos sentimos, como reagimos a determinadas situações e no efeito que teremos em outras pessoas. Vale a pena deixar claro que este não é um curso completo de PNL, mas um curso prático sobre como usar a linguagem para persuadir e influenciar, por isso que, neste capítulo, vamos nos concentrar em aprender os fundamentos da programação neurolinguística para entender como funciona o nosso cérebro e, desta forma, entender como operam as técnicas de persuasão e padrões de linguagem que veremos nos capítulos seguintes.

Você está pronto? Então vamos começar.

A PNL é definida como o estudo da excelência humana e mostra como podemos ter uma comunicação efetiva e influenciar outros. Foi desenvolvida na década de 1970 por um grupo de profissionais que estudaram a pessoas bem-sucedidas com o objetivo de analisar o comportamento humano. O grupo incluía Richard Bandler (Psicólogo), John Grinder (Linguista) e Gregory Bateson (Antropólogo). Eles consideraram os estilos de linguagem, padrões cerebrais, e como as palavras e ações se uniam para criar determinados programas mentais ou sequências de comportamento.

Desde então, a PNL tem estado em contínuo desenvolvimento, proporcionando uma maior compreensão dos processos de pensamento, padrões de linguagem e comportamento humano, oferecendo esquemas para ajudar a processar as experiências humanas e compreender como as pessoas pensam, sentem e reagem.

O seu domínio da comunicação com o mundo externo determinará o seu grau de sucesso com os outros no aspecto pessoal, emocional, social e econômico. No entanto, aqui a PNL nos permite fazer uma distinção fundamental: O grau de sucesso que você percebe internamente é o resultado de sua comunicação consigo mesmo. Ou seja, o que você percebe não é o resultado do que realmente acontece, mas apenas a interpretação que você dá ao que lhe acontece. Em outras palavras, você vai se sentir e agir em função de como escolheu entender suas experiências. Agora, deixe-me perguntar o seguinte: O que aconteceria se você tivesse as ferramentas para manipular a forma como as pessoas entendem suas mensagens? Pense nisso por um momento.

Evidentemente, conseguiria gerar as emoções e ações que deseja, e isso é precisamente o que você vai aprender neste livro.

Em seguida, aplicaremos e exploraremos os princípios fundamentais da PNL que nos servirão para aprender poderosas técnicas de persuasão. Falaremos sobre o rapport, os sistemas representacionais, as crenças, âncoras, metaprogramas e metamodelo. Também veremos 3 modelos ou técnicas de redefinição para mudar o seu foco de atenção e o de outros.

CHAPTER 1
RAPPORT

O rapport, ou a sintonia, é essencial para a comunicação eficaz. Se baseia no respeito mútuo entre as pessoas, e com frequência é realizada de forma intuitiva. Exige que você demonstre interesse genuíno, observando como a outra pessoa reage ao que você diz e identifique as palavras ou frases chave que produzem uma reação. O rapport não só se relaciona com o que você diz, mas também com as suas ações e linguagem corporal, que normalmente é inconsciente.

Para construir o rapport você precisa estar ciente de como as pessoas se comunicam e como usar os gestos, posições corporais, tom de voz, palavras, etc. Um dos aspectos básicos na construção do rapport é a técnica de "coincidir e refletir (espelhar)", criada por Milton Erickson no início da década de 1970, em seu trabalho de hipnoterapia clínica. Esta técnica consiste em imitar a linguagem corporal da pessoa com quem você está falando. Isso fica claro ao observar novos casais, que, subconscientemente, copiam as posições corporais.

Você pode tentar o seguinte exercício com outra pessoa

para experimentar o poderoso efeito do rapport. Faça com o seu parceiro ou um amigo, mas, inicialmente, não fale o que você está fazendo. Faça o seguinte: Enquanto a pessoa está falando sobre algo que realmente tenha gostado, por exemplo, uma festa, um hobby, etc., ouça atentamente e imite seus gestos corporais e posições. Depois de alguns minutos, modifique o seu comportamento e faça o oposto, ou seja, faça gestos que não coincidam com os dele, enquanto continua falando. Aguarde alguns minutos, e volte a imitar os gestos dele.

Este exercício requer refletir, anti refletir e, em seguida, refletir outra vez. Depois do exercício, explique-lhe o que fez e permita que comente o que viu e sentiu. Normalmente, a pessoa vai sentir dificuldades em continuar falando durante seu antirreflexo da linguagem corporal dela. Esse é o poder do rapport. Pode abrir ou fechar mentes e corações. No entanto, tenha cuidado quando fizer isso. Se exagerar, pode parecer que você está zombando da pessoa e terá efeito contrário ao desejado.

Agora, vamos falar de outro conceito fundamental em PNL: Os sistemas representacionais.

CHAPTER 2
SISTEMAS REPRESENTACIONAIS OU SENTIDOS

Existem 5 sentidos (visão, audição, tato, paladar e olfato) e usamos nossos sentidos para interpretar o mundo ao nosso redor e, embora a maioria compartilhe destes 5 sentidos, interpretamos a informação de formas distintas. Por exemplo, imagine um jardim. Separe alguns segundos e pense em todos os detalhes.

Já o fez?

O que foi que você pensou?

Dentre todas as pessoas que estão lendo estas linhas, alguns pensaram no cheiro da grama molhada, enquanto que outros pensaram na cor das flores, e outras pensaram no canto dos pássaros. Portanto, uma mesma cena pode significar coisas diferentes para pessoas diferentes, dependendo de seus sentidos preferidos.

Mas de que nos serve saber isso?

A importância desta informação é que, se você falar com alguém adaptando suas palavras para utilizar o sentido preferido dessa pessoa, você aumenta o rapport e melhora a comunicação. Entendeu? Como veremos ao longo do livro, cada conceito será ligado ao anterior, de modo que quando você terminar de ler a última página, terá montado o grande quebra-cabeças da persuasão com padrões de linguagem. É importante que acredite que o conteúdo do livro foi estruturado com este objetivo em mente, por isso, se em algum momento você se sentir perdido, tenha plena confiança de que no final as peças vão se encaixar e tudo fará sentido.

Continuemos então. Se você escolher suas palavras cuidadosamente para adaptar aos sentidos preferidos da pessoa que ouve, vai aumentar suas chances de ser persuasivo. Mas agora você pode estar se perguntando: "Como posso saber qual o sentido preferido de uma pessoa?"

É uma boa pergunta. Então, apesar de reconhecermos que temos 5 sentidos principais, é muito comum que tenhamos apenas um sentido dominante, sendo os mais comuns o sentido visual, o auditivo e o tato, e a melhor forma de identificá-lo é prestando atenção à linguagem e as características das pessoas. Vejamos os três casos mais comuns.

Pessoas predominantemente visuais:

Como seu nome indica, trata-se de pessoas que captam o mundo, principalmente através do sentido da visão. É comum que sejam pessoas muito bem arrumadas no pessoal e no trabalho, são muito conscientes de sua aparência, e podem parecer hipercinéticos, já que sempre estão fazendo algo. Quando falam e pensam, tendem a mover os olhos para cima e tendem a se expressar usando termos que fazem referência ao sentido da visão, por exemplo:

"Eu vejo o que você quis dizer"
"Eu consigo visualizar"
"Eu vejo bem isso"
"Eu posso imaginar"

"Vamos dar uma olhada"

"Mantenha os olhos nisso."

Pessoas predominantemente auditivas:

São pessoas que aparentam ser mais calmas e serenas que as visuais. Quando falam e pensam, tendem a mover os olhos para os lados, ou seja, para os seus ouvidos, e tendem a se expressar usando termos que fazem referência ao sentido da audição, por exemplo:

"Eu ouço o que você está dizendo"

"Soa bem"

"Escuta"

"Me soa familiar"

"Sintonizei esta ideia"

"Ele está em uma frequência diferente"

Pessoas predominantemente cinestésicas:

São pessoas particularmente relaxadas e tranquilas. Preferem vestir roupa confortável a estar na moda. Os homens evitam as gravatas e as mulheres evitam até mesmo a maquiagem. Têm predileção pelos prazeres da vida, pelas refeições e os perfumes. Quando falam e pensam, tendem a mover os olhos para baixo e para a direita. Tendem a expressar-se usando termos que fazem referência ao sentido do tato, o paladar e o olfato, por exemplo:

"Posso sentir isso"

"Isso é fácil de manusear"

"Isso me tocou"

"Se apegue à realidade"

"Tem um caráter fraco"

"Conheça a nova tendência"

"Fico com os cabelos em pé"

Estas descrições podem parecer generalizações excessivas, mas quando você se dedica a observar detalhadamente as pessoas com as quais conversa, vai se surpreender de quão precisas são. Os sentidos podem refinar ainda mais, por exemplo, se pedimos a duas pessoas que se vejam em uma praia, certamente elas irão imaginar duas praias muito diferentes, por conta de seus próprios mapas mentais. Provavelmente uma das pessoas verá uma praia colorida, com movimento, ensolarada, e na qual ela se vê na cena tal como se estivesse assistindo a um filme, enquanto que a outra imaginará uma praia em branco e preto, fixa e no qual ela não se vê na cena.

Este tipo de distinções finas é chamado de submodalidades e sua beleza está em que você pode ajustar ou alterar as submodalidades para mudar os sentimentos ou emoções, quando trata com situações positivas ou negativas. Volte a ler, porque isto é muito importante: "você pode ajustar ou alterar as submodalidades para mudar os sentimentos ou emoções".

Por exemplo, ao alterar uma imagem em sua mente de colorido para branco e preto, você a deixará menos vívida até o ponto em que possa se desvincular da emoção. Ou pode adicionar humor a uma situação estressante imaginando a outra pessoa como um personagem de desenho animado. As possibilidades são ilimitadas, e você pode fazer essas alterações no momento ou depois, quando você se lembrar da situação. Portanto, a forma como você se sente sobre as coisas muda instantaneamente quando você muda as submodalidades em sua mente.

Eu sei que, se este é seu primeiro contato com a PNL, isso pode parecer difícil de acreditar, e isso se deve a que não chegamos a este mundo com um manual sobre como usar nosso cérebro, mas agora você está aprendendo. Em breve faremos alguns exercícios que lhe permitirão experimentar a potência destas técnicas.

Vamos recapitular então o que você acabou de aprender: Ao conhecer suas submodalidades, você vai saber como sair de um estado de espírito limitador e entrar em outro que esteja cheio de energia e que lhe transmita poder. No entanto, o que você pode fazer com sua mente não se limita a isso, já que também pode produzir o mesmo efeito em outras pessoas se descobrir seus sentidos preferidos.

Vejamos então uma lista com as principais submodalidades. Mantenha esta lista como referência, já que usaremos posteriormente, em um exercício para controlar o seu próprio cérebro.

SUBMODALIDADES VISUAIS:

- Cor
- Brilho
- Contraste
- Estático ou em movimento
- Borrado ou focado
- Perto ou longe
- Pequeno ou grande

SUBMODALIDADES AUDITIVAS:

- Volume
- Tom
- Duração

- Localização
- Estéreo ou mono
- Palavras ou sons
- Ritmo

SUBMODALIDADES CINESTÉSICAS:

- Temperatura
- Localização
- Intensidade
- Textura
- Peso
- Pressão
- Tamanho

É importante lembrar que cada pessoa interpreta as situações através de suas próprias percepções, criando assim a sua própria realidade, portanto, as experiências são individuais e cada pessoa terá a sua própria interpretação dos acontecimentos, dependendo de como experimenta os sentidos (visão, audição, paladar, tato e olfato) e como interpreta a informação internamente.

Parece complicado? Não se preocupe. Escrevi este livro com o objetivo de lhe ajudar e você não tem que memorizar tudo isso. Mais adiante, na seção de padrões de linguagem, ensinarei uma técnica incrível para explorar os sistemas representacionais das pessoas e persuadi-las poderosamente, mesmo sem as ver. Nesse padrão, tudo o que você precisa fazer é dizer uma única palavra.

Para ser persuasivo, precisamos entender como as pessoas tomam decisões, e precisamos saber qual é o seu sistema de representação principal para expressar a nossa mensagem de forma que se ajuste ao estilo de funcionamento de sua mente. Por exemplo, quando você tem que falar com uma pessoa orientada visualmente, não surtirá efeito falar com calma e respirar fundo, pois com isso só conseguirá deixar a pessoa impaciente e tirá-la de seu normal, portanto, em seguida, nos aprofundaremos mais em como identificar as submodalidades e estratégias mentais de outras pessoas.

CHAPTER 3

COMO IDENTIFICAR AS ESTRATÉGIAS MENTAIS DE OUTRAS PESSOAS

Uma estratégia mental não é mais do que uma ordem específica de representações (visuais, auditivas, cinestésicas, olfativas e gustativas), que produzem um resultado concreto. Para descobrir as estratégias mentais de qualquer pessoa, veja o que antes não via, ouça o que antes não ouvia, sinta o que antes não sentia e pergunte coisas que antes nem sabia que devia perguntar. As próprias pessoas dirão tudo o que você precisa saber sobre as suas próprias estratégias. Te dirão, com suas palavras, com o uso de seu corpo e até mesmo com o movimento de seus olhos. Tudo o que você precisa é fazer com que a pessoa experimente a sua estratégia e observar atentamente as coisas concretas que faz e, desta forma, você a poderá ler tão claramente como está lendo este livro.

Antes de poder detectar eficazmente as estratégias mentais de uma pessoa, você deve saber o que procurar, e deve saber quais são as chaves que revelam as partes do sistema nervoso que uma pessoa utiliza em cada momento. Já sabemos que as pessoas tendem a usar uma determinada parte de seu sistema neurológico (a visual, a auditiva ou a cinestésica) mais que outras e, portanto, devemos identificar qual é o sistema de representação das pessoas antes de descobrir suas estratégias.

Façamos uma breve revisão do que aprendemos até agora sobre os sistemas representacionais. As pessoas que são principalmente visuais tendem a considerar o mundo em imagens e, como procuram seguir o ritmo de suas imagens mentais, tendem a falar depressa, sem que pareça importar o que dirão, e isso ocorre porque, simplesmente, tentam traduzir as imagens em palavras, por isso usam muitas metáforas visuais. As pessoas do tipo auditivo tendem a ser mais seletivos no que diz respeito ao vocabulário que utilizam, falam em um ritmo mais lento, regular e contido e, como as palavras significam muito para eles, costumam ter muito cuidado com o que dizem. As pessoas predominantemente cinestésicas são ainda mais lentas e reagem principalmente ante as sensações táteis, costumam ter a voz grave e, muitas vezes, usam metáforas do mundo físico.

Bastaria observar uma pessoa e ouvir o que diz para tirar uma impressão imediata dos sistemas que utiliza, mas em PNL, utilizamos indicadores ainda mais específicos para descobrir o que acontece na mente de um indivíduo.

A sabedoria tradicional diz que os olhos são as janelas da alma. Já tinha ouvido isso? Bom, foi descoberto que isso é muito mais verdadeiro do que se acreditava. Ao prestar atenção nos olhos de uma pessoa é possível observar, imediatamente, se em um dado momento, emprega o sistema de representação visual, auditivo ou o cinestésico. Isso lhe parece incrível? Bom, realmente é, mas funciona.

Façamos uma pequena experiência. Responda a

seguinte pergunta: De que cor era a porta da casa em que viveu quando tinha 13 anos? Se dê um momento para recordar.

Você lembrou?

Muito bem.

O objetivo deste experimento não tem nada a ver com a cor da porta, mas com o movimento de seus olhos. Ao responder a esta pergunta, 90% das pessoas terão olhado para cima e para a esquerda, já que é assim que a maioria de nós (destros e canhotos) procuramos o acesso às imagens visuais que queremos lembrar.

Agora responda a seguinte pergunta: Como seria um elefante cor-de-rosa com pintas amarelas dentro de um refrigerador? Desta vez, provavelmente, seus olhos se voltaram mais para cima e para a direita para acessar as imagens construídas mentalmente (não lembradas).

Portanto, quando for falar com alguém observe seus movimentos oculares. Se, por exemplo, os olhos da pessoa se movem para cima e para a esquerda, é que acaba de extrair uma imagem de sua memória. Caso se movam para a altura da orelha esquerda, é porque ouviu algo. Se voltarem para baixo, à direita, essa pessoa está acessando a parte cinestésica de seu sistema de representação. Da mesma forma, quando você tem dificuldades para se lembrar de alguma coisa, provavelmente é porque você não está colocando os olhos em uma posição que lhe permite acessar com clareza a informação que necessita, por exemplo, quando você precisa se lembrar de algo para vestir, olhar para baixo e a tua direita não o ajuda a recuperar essa imagem, no entanto, se você olhar para cima, à sua esquerda, é mais provável que recupere essa informação.

Então, para resumir, quando uma pessoa olha:

- Para cima e para a esquerda: Está acessando o seu

sistema visual para lembrar, ou seja, está buscando imagens vistas antes.

- Para cima e para a direita: Está acessando o seu sistema visual para construir, ou seja, está vendo imagens nunca vistas antes.

- Para o lado e para a esquerda: Está acessando o seu sistema auditivo para lembrar, ou seja, está lembrando de sons ouvidos antes.

- Ao lado e à sua direita: Está acessando o seu sistema auditivo para construir, ou seja, está ouvindo sons não ouvidos antes.

- Abaixo e à esquerda: Está acessando o seu sistema auditivo digital, ou seja, está falando consigo mesmo.

- Para baixo e para a direita: Está acessando seu sistema cinestésico, ou seja, está sentindo emoções e sensações.

O que vimos até aqui é a fórmula básica para detectar as estratégias mentais de qualquer pessoa, mas para tirar o máximo proveito desta técnica básica, devemos adicionar submodalidades. Por exemplo, se a estratégia de compra de uma pessoa começa com o visual, o que é que a fará se encantar com seu produto? As cores chamativas? As ilustrações e os desenhos modernos? Ou se é uma pessoa auditiva, os motores com sons fortes e que demonstrem poder, lhe atraem? Ou prefere um mecanismo suave e bem ajustado?

Portanto, aprender a detectar as estratégias mentais e submodalidades de uma pessoa, lhe dará a possibilidade de pressionar os botões apropriados nesta pessoa e, no âmbito da persuasão, a compreensão desta informação é absolutamente fundamental. Se você aprender a detectar estratégias, conhecerá com exatidão as necessidades das pessoas que pretende persuadir, o que lhe permite estar em uma posição de realmente satisfazê-las.

Em seguida, realizaremos dois poderosos exercícios que

lhe permitirão experimentar, em primeira mão, o poder da PNL.

Como direcionar seu cérebro

Na seção de padrões de linguagem você vai aprender técnicas muito simples para produzir os efeitos desejados no cérebro de outras pessoas, no entanto, antes de tentar manipular a mente de outros, seria muito interessante manipular o seu próprio cérebro para testar em primeira mão o poder das técnicas de PNL. Você concorda?

Neste capítulo você aprenderá, provavelmente, as duas ferramentas mais poderosas que pode dominar e que mudarão a sua experiência de vida para sempre. Lembre-se que todo comportamento humano é o resultado do estado que estamos, e nossos estados criam nossas representações internas, ou seja, as coisas que imaginamos e o que dizemos para nós mesmos. Portanto, tal como um diretor de cinema pode variar o ângulo da câmera, o volume, o tipo de música, a velocidade do movimento, a cor e a qualidade da imagem, para gerar os estados emocionais que desejar no público, você também pode treinar o seu cérebro da mesma forma, para gerar qualquer estado ou comportamento que favoreça seus objetivos ou necessidades.

Se isto lhe parece interessante, continue lendo, caso contrário, você pode avançar diretamente para a próxima seção do livro.

Você ainda está aqui? Muito bem. Parabéns, isso demonstra compromisso da sua parte. Estes são dois exercícios puros de PNL nos quais faremos um uso intensivo das submodalidades e você deve fazer o passo-a-passo, pelo que eu recomendo que você leia, compreenda e pratique imediatamente.

Como intensificar estados positivos e enfraquecer estados negativos

- Pense em uma lembrança muito agradável. Pode ser recente ou distante. Feche os olhos, relaxe e pense nisso. Agora pegue essa imagem e a faça mais brilhante. À medida que aumenta o brilho, repare como muda o estado em si.

- Agora vá aproximando a imagem mental e a aumente de tamanho. O que acontece enquanto manipula essa imagem? Você pode observar que alterar a intensidade da experiência, não é mesmo? Para a maioria das pessoas, recriar uma lembrança agradável e fazer com que fique maior, mais brilhante e mais próxima, faz com que a imagem seja ainda mais poderosa e agradável. Isso aumenta a força e o prazer da representação interna e lhe coloca em um estado mais vigoroso e alegre.

Como já aprendemos, todas as pessoas têm acesso às três modalidades ou sistemas de representação (visual, auditivo e cinestésico), mas as utilizam em medidas diferentes. Alguns que acessam seu cérebro dentro de um quadro de referência visual e reagem frente às imagens que veem na sua cabeça, outros são, basicamente, auditivos e outros cinestésicos. Por isso, depois de ter alterado o quadro de referência visual, agora faremos o mesmo com os demais sistemas representacionais.

- Volte para a lembrança agradável e aumente o volume das vozes ou sons que você ouve. Dê mais ritmo e profundidade, mude o timbre, para que sejam mais fortes e decididos e, em seguida, faça o mesmo com as submodalidades cinestésicas. Faça com que a lembrança seja mais quente, mais suave e agradável do que antes. O que acontece com seus sentimentos depois desta experiência?

- Agora vamos fazer o mesmo com uma imagem negativa. Pense em algo que lhe fez mal. Tome essa imagem e aumente o brilho. A aproxime mais. Faça com que fique maior. O que acontece no seu cérebro? Muitas pessoas sentem intensificar o seu estado negativo. As sensações desagradáveis ou dolorosas que experimentaram a primeira vez, voltam com mais força.

- Agora reverte a imagem para as condições iniciais. O que acontece quando você a faz menor, mais escura e distante? Descobrirá que as sensações negativas vão perdendo sua força.

- Faça a imagem negativa ficar menor. Observe o que acontece quando a imagem encolhe. Agora a desfoque e a faça mais borrada, atenuada e difícil de ver. Conseguido isto, a afaste e a leve tão longe que mal a possa distinguir. Registre o que vê, ouve e sente enquanto esta imagem desaparece do mundo.

- Faça o mesmo com a modalidade auditiva. Baixe o volume das vozes que ouve, faça com que soem letárgicas, apagadas, tire o ritmo. Faça isso também com as suas percepções cinestésicas. Faça com que a imagem vá ficando fraca e irreal, longe de você. O que aconteceu com a imagem negativa durante todo este processo que você dirigiu? Se você for como a maioria das pessoas, a imagem perdeu poder, tornou-se menos potente, menos dolorosa e, inclusive, deixou de existir. Ou seja, podemos pegar algo que nos causou uma grande dor no passado e lhe tirar a força, até que se dissolva e desapareça por completo.

Eu penso que essa breve experiência pode ser o suficiente para dar uma ideia do poder da PNL. Em poucos minutos, você teve um sentimento positivo para reforçar e intensificar, e conseguiu se desprender de uma imagem negativa intensa, e do poder que esta exercia sobre você. No passado você estava à mercê dos resultados de suas representações internas e agora sabe que não tem porque ser necessariamente assim.

Você pode viver de duas maneiras. Você pode deixar que o seu cérebro siga governando como vinha acontecendo no passado, em que alguém lhe transmite alguma imagem, som ou sensação, e você responde automaticamente à sugestão, ou pode optar por direcionar conscientemente seu próprio cérebro e implementar as sugestões que lhe agrade.

Vejamos agora o segundo exercício.

Como se motivar

Desta vez, pense em uma experiência que tenha vivido, estando totalmente motivado. Relaxe e forme uma imagem mental o mais claro possível dessa experiência. Agora perguntarei algumas coisas sobre essa experiência e você precisará de um tempo para responder cada pergunta. Aqui não existem respostas corretas ou erradas. Pessoas diferentes têm respostas diferentes.

- Enquanto contempla a imagem, você vê um filme ou uma imagem estática? Está em cor ou preto e branco? É uma cena próxima ou distante? À direita, à esquerda ou no centro? Acima, abaixo ou no meio de seu campo de visão? É uma situação associada, isto é, a vê com seus próprios olhos, ou dissociada, ou seja, a vê como se fosse um espectador externo? A imagem é limitada por uma moldura ou é uma paisagem sem limites definidos? É brilhante ou apagada, escura ou brilhante? Aparece nítida ou fora de foco? Enquanto você faz esse exercício, veja as submodalidades que são mais fortes para você, isto é, as que se destacam com mais força quando pensa nelas.

- Agora verifique suas submodalidades auditivas e cinestésicas. Você ouve sua própria voz ou a de outros atores? Trata-se de um diálogo ou um monólogo? Os sons que você ouve são fortes ou fracos? Variam ou são monótonas? São lentos ou rápidos? As vozes vão e vêm, ou se mantêm como um murmúrio invariável? O que é o mais importante que você ouve ou diz a si mesmo nessa cena? Onde está localizado o som? De onde vem? Esta cena é violenta ou agradável? Faz calor ou frio? Predomina a sensação de aspereza ou de suavidade, flexibilidade ou rigidez? Você toca elementos sólidos ou líquidos? Você tem alguma sensação em seu corpo? É essa sensação é sólida ou difusa, e em que parte do seu corpo se localiza? Você se lembra de algum sabor ácido ou doce?

No início pode custar responder algumas destas perguntas. Isso é normal. Também, se você é uma pessoa predominantemente auditiva, comece primeiro com esta submodalidade, e avance para as seguintes.

Bem, depois de experimentar a estrutura de algo que nos motivou fortemente no passado, agora, vamos pensar em algo para o qual gostaríamos de estar fortemente motivados, mas que neste momento não nos inspira motivação alguma fazê-lo. Novamente, repetimos as mesmas perguntas, mas, desta vez, com especial atenção para as diferenças entre as respostas, em comparação com a ação fortemente motivada. Registre quais são as submodalidades mais potentes, já que essas são as que tem mais potencial para modificar o seu estado.

- Em seguida, pegue esta experiência que lhe motiva (chamaremos: experiência 1) e a que gostaria que lhe motivasse (experiência 2), e as contemple simultaneamente. Não é tão difícil. Imagine seu cérebro como uma tela de televisão com a imagem dividida e observe as duas imagens ao mesmo tempo. Há diferenças entre as submodalidades não é verdade? É claro que era fácil prever, já que diferentes representações produzem diferentes tipos de resultados no sistema nervoso.

- Agora, passo-a-passo reajustaremos as submodalidades da experiência 2, de modo que se correspondam com as da experiência 1. Estas submodalidades podem ser diferentes, dependendo da pessoa, mas o mais provável é que a imagem da experiência 1 seja mais brilhante, mais nítida e mais próxima que a imagem da experiência 2. Peço que foque bem nas diferenças entre uma e outra, e que manipule a segunda representação, de modo que fique mais parecida com a primeira. Por exemplo, se a experiência 1 era representada como um filme, e a experiência 2 como uma imagem estática, torne a experiência 2 em um filme. Não se esqueça de fazer isso com as submodalidades auditivas e cinestésicas. Faça-o agora.

Lembre-se que representações internas semelhantes criarão estados ou sensações semelhantes e tais estados ou sensações desencadeiam ações semelhantes. Portanto, se você descobrir concretamente o que lhe faz sentir motivado, saberá exatamente o que fazer diante de qualquer experiência, para se sentir motivado sempre que quiser.

Você percebe que o uso eficaz das ferramentas da PNL pode mudar a sua vida? O que aconteceria se você pegasse tudo o que odeia, mas que é obrigado a fazer, e vinculasse com suas submodalidades de prazer? E que tal pegar os seus problemas e reduzi-los de tamanho, além de colocar alguma distância entre eles e você? As possibilidades são infinitas.

É importante lembrar que, como qualquer outra habilidade, esta exige repetição e prática. Quanto mais repetir conscientemente estas simples mudanças de submodalidades, mais rápido você conseguirá os resultados desejados.

Espero que tenham gostado destes poderosos exercícios e agora você tem uma ideia mais clara do verdadeiro poder da PNL para controlar o cérebro. Em seguida, continuaremos avançando em nosso domínio sobre o funcionamento de nosso cérebro, e veremos um aspecto fundamental na persuasão e na PNL: As crenças.

CHAPTER 4
O QUE SÃO AS CRENÇAS E COMO DEBILITÁ-LAS.

"Não é o que nos acontece, mas o que fazemos com isso que faz a diferença." - Nelson Mandela.

As crenças são, basicamente, julgamentos e avaliações sobre nós mesmos e sobre os outros. Em PNL, as crenças são consideradas como generalizações firmemente arraigadas sobre o nexo de causalidade, o significado e os limites do mundo que nos rodeia.

A importância das crenças reside no fato de que a maioria de suas memórias foram fabricadas pela sua mente para se ajustar ao que você acha que aconteceu. Você vai recordar aquilo que quiser de cada situação. O mesmo se aplica para o resto das pessoas, ou seja, quando você quiser convencer alguém, é muito provável que você esteja com que tem lembranças fabricadas por sua mente, crenças, que são obstáculos ao transmitir a sua mensagem. Neste caso, você terá que enfraquecer suas crenças, e você vai aprender a fazer isso mais tarde no livro, mas antes vamos entender melhor as crenças.

Para dimensionar o impacto das crenças, vamos usar

como exemplo Roger Bannister, que quebrou o recorde de correr uma milha em menos de 4 minutos. Até aquele momento, se pensava que era fisicamente impossível para um homem correr esta distância em menos de 4 minutos. Roger passou 9 anos se preparando e foram muitas tentativas fracassadas, até que, finalmente, conseguiu diminuir esse tempo, em maio de 1945. No entanto, tão impossível como parecia inicialmente, a barreira dos 4 minutos foi quebrada novamente apenas 6 semanas depois, e depois, nos próximos 9 anos, mais de 200 pessoas quebraram esse recorde. A crença de que era algo impossível mudou.

Neurologicamente, as crenças estão associadas com o sistema límbico e o hipotálamo. Portanto, pelo fato de serem produzidas pelas estruturas mais profundas do cérebro, as crenças provocam mudanças nas funções fisiológicas fundamentais do corpo, sendo as responsáveis por muitas de nossas respostas inconscientes. Esta relação íntima entre a crenças e as funções fisiológicas torna possível que algumas influenciem poderosamente no campo da saúde e da cura, como já demonstrado com o efeito placebo.

Todos temos crenças que funcionam como recursos, juntamente com outras que nos limitam e que são notoriamente difíceis de mudar, por meio do pensamento lógico e tradicional. Felizmente, a programação neurolinguística oferece poderosas ferramentas com as quais podemos remodelar e transformar crenças potencialmente limitantes, em nós mesmos e em outras pessoas.

Para melhor compreender as crenças, usaremos uma metáfora. As crenças são como uma mesa, e os pés são as referências e experiências passadas que apoiam a "ideia" em que essa crença se baseia. Podemos desenvolver crenças sobre qualquer coisa, se encontramos "pés" suficientes (experiências suficientes de referência), sobre as quais apoiá-las. O interessante é que as referências podem ser nossas próprias experiências, as experiências de outras pessoas e, inclusive, podem ser experiências imaginadas com tal intensidade emocional, que nos deem certeza de que realmente ocorreram.

A maneira mais eficaz de mudar uma crença consiste em associar uma dor intensa com a antiga crença e associar um prazer enorme à ideia de adotar uma nova crença. Lembre-se que tudo que fazemos é por necessidade de evitar a dor, ou por um desejo de obter prazer.

Portanto, para enfraquecer e eliminar uma crença que tira poder, pergunte a si mesmo: Quão ridícula ou absurda é essa crença? A pessoa de quem eu aprendi essa crença; será que valeria a pena imitá-la neste âmbito em particular? O que me custará emocionalmente o não me desprender desta crença? Qual será o custo para os meus relacionamentos? O custo físico? O custo financeiro? O custo profissional? Associe uma enorme dor a suas crenças limitantes e decida substituí-las com, por exemplo, a sua antítese. Por exemplo, "eu não sou feito para falar em público. As pessoas que têm essa crença nunca se destacam em seus ambientes e não têm o nível de sucesso que eu busco. Está comprovado que as pessoas que têm a crença inversa têm o sucesso que eu quero. A única forma de me destacar em meu trabalho é poder comunicar minhas ideias para me conectar com as pessoas a nível profissional e pessoal".

Eu lembro, novamente, que nesta primeira parte sobre programação neurolinguística, você aprenderá a usar as técnicas em si mesmo antes de utilizá-las em outros. Eu insisto em dizer isso, arriscando ser repetitivo, já que eu quero me assegurar de que você tenha em mente o objetivo final deste livro: Aprender a usar padrões de linguagem para persuadir. Não pense que está lendo o livro errado. Lembre-se que, ao final, todas as peças vão se encaixar e dar forma a uma nova e extraordinária habilidade de persuasão.

Continuemos então. Muitas crenças limitantes surgem como consequência de perguntas sem respostas sobre o "como". Por exemplo, se uma pessoa não sabe como realizar determinada tarefa ou função, o mais provável é que desenvolva a crença de que "eu sou incapaz de realizar essa tarefa". Por isso, é importante que, seja para você ou para a pessoa que deseja persuadir, você possa fornecer respostas a uma série de perguntas sobre o "como", por exemplo, para lidar com a crença "é perigoso revelar as emoções", você deverá responder à pergunta: "Como eu posso revelar minhas emoções e ao mesmo tempo me manter em segurança?"

Outra forma muito prática para enfraquecer crenças indesejáveis consiste em descobrir "contra-exemplos". Um contra-exemplo é um exemplo, uma experiência ou um fragmento de informação que não se encaixa em determinada generalização sobre o mundo. É um modo muito simples e poderoso de avaliar e questionar crenças indesejadas, já que não necessariamente desacreditam uma afirmação da crença, mas questionam sua "universalidade" e, com frequência, a colocam em uma perspectiva mais ampla. Neste aspecto, as crenças obtêm seu poder limitador quando se expressam em termos universais com palavras como "todos", "nunca", "sempre", "ninguém", etc. Dizer "Não sou bom persuadindo porque me falta a experiência necessária", não é o mesmo que dizer "Nunca vou ser bom persuadindo porque me falta a experiência necessária".

Um contra-exemplo não significa, necessariamente, que a crença é errada, mas que simplesmente aceita que o fenômeno da crença seja mais complexo do que havia percebido inicialmente, o que abre o potencial para outras perspectivas e possibilidades. Como você pode imaginar, isso é fundamental quando se encontra persuadindo a uma pessoa com crenças fortemente arraigadas.

Por exemplo, analisemos a crença "se uma pessoa franzir o cenho significa que está irritada". Para encontrar contra-exemplos, primeiro, poderíamos perguntar:

Alguma vez ocorre A sem B? Ou seja, alguma vez alguém franze o cenho quando está feliz?

Também é possível inverter os termos e perguntar:

Alguma vez acontece B sem A? ou seja, alguém pode estar irritado, mas não franzir o cenho?

Normalmente, o exercício de descobrir contra-exemplos nos permite alcançar uma compreensão mais profunda do fenômeno que estamos analisando, mas, o mais importante, é que as crenças estão ligadas a um nível neurológico profundo, de modo que qualquer alteração nelas por meio de um contra-exemplo, normalmente produzirá efeitos imediatos e espetaculares.

Agora pratiquemos um pouco. Pense em algumas de suas crenças limitantes e busque contra-exemplos usando o processo descrito anteriormente. Para encontrar algumas de suas crenças limitantes, você pode observar se utiliza qualquer um dos seguintes padrões de linguagem:

- Não mereço o que eu quero porquê... (o que é que lhe impede de conseguir o que você deseja?)

- Se consigo o que eu quero, então... (o que poderia dar errado, ou o que você poderia perder?)

- Querer ser diferente é errado, porque... (o que é que faz ser errado?)

- A situação nunca vai mudar porque... (Quais obstáculos fazem com que as coisas continuem como estão?)

- Não posso conseguir o que eu quero porquê... (O que faz com que seja impossível conseguir o que quer?)

Por exemplo, para a crença "Não mereço conseguir o que quero, porque não tenho me esforçado o suficiente", busque casos de A sem B. Lembre-se de algum indivíduo que não tenha feito nenhum esforço (como um bebê recém-nascido), e que, apesar disso, mereça conseguir o que deseja? Busca também casos de B sem A. Conhece algum exemplo de pessoas que não mereçam alcançar o que desejam, apesar de terem se esforçado muito para conseguir? (Por exemplo, ladrões ou assassinos).

Pratique este exercício, não o deixe passar. Leva apenas alguns minutos e abrirá os olhos para novas perspectivas. Agora que você compreende como enfraquecer crenças, é tempo de continuar esta magnífica viagem de compreensão do funcionamento do nosso cérebro. Em seguida, falaremos sobre as âncoras.

CHAPTER 5
ÂNCORAS

U ma âncora é um estímulo que te lembra de determinados eventos e podem mudar o seu estado positiva ou negativamente. Portanto, são muito potentes, porque nos dão acesso instantâneo a estados de grande força, ou grande fraqueza, ainda que dificilmente você queira o último, não é?

Esses estímulos podem envolver todos os sentidos (visão, audição, tato, paladar e olfato) e podem ser internos e externos. Pode ser uma simples palavra, uma frase, um contato, um cheiro ou um objeto.

Todos nós usamos âncoras constantemente e, na verdade, é impossível deixar de fazê-lo. Toda âncora é uma associação que se cria entre os pensamentos, as ideias, as sensações ou os estados e um determinado estímulo. Vamos relembrar o experimento de Pavlov. O doutor Ivan Pavlov deixava carne próxima de cães famintos, e estes começavam a salivar ao perceber esse poderoso estímulo e, quando se achavam nesse estado de salivação intensa, Pavlov fazia soar uma campainha. Em pouco tempo, deixou de ser necessária a carne para produzir a salivação, ou seja, bastava os cães ouvirem a campainha e começavam o processo tal como se tivesse sentido o cheiro da carne. Desta forma, Pavlov criou em seus cães um vínculo neurológico entre o som da campainha, as sensações de fome e o reflexo de salivação.

Vivemos em um mundo cheio de situações de estímulos e respostas, de modo que grande parte do comportamento humano consiste em respostas programadas, inconscientemente, por exemplo, sob condições de tensão, algumas pessoas apelam automaticamente ao cigarro, ao álcool ou até mesmo as drogas. A chave do que você está lendo neste momento está em que toma a consciência deste processo, de forma que, se as âncoras existentes em você ou nos outros, não são úteis, podem ser eliminados e substituídos por novos vínculos estímulo-resposta. Você pode pensar em algumas situações nas quais gostaria de criar âncoras nas pessoas, para gerar uma resposta específica, por meio de um estímulo proposto? Muito bem, então, você vai aprender como se criam as âncoras.

Sempre que uma pessoa está em um estado intenso e, sob estas condições, lhe é fornecido simultaneamente, um determinado estímulo que coincida com o momento culminante deste estímulo, se criará entre ele e o estímulo um vínculo neurológico, da mesma forma que aconteceu com os cães de Pavlov. Desta forma, cada vez que aparecer este estímulo no futuro, irá gerar o mesmo estado intenso de forma automática.

A maioria das âncoras se formam ao acaso. As mensagens da televisão, da rádio e da vida cotidiana nos bombardeiam. Umas se tornam âncoras e outras não, o que em geral ocorre por acaso. No entanto, estamos aqui para aprender a criar âncoras de forma consciente. O processo para criar uma âncora em si mesmo ou em outras pessoas, é composto por dois passos simples. Em primeiro lugar, se coloque, ou a outra pessoa, no estado preciso que você deseja ancorar. Feito isto, você deve fornecer, repetidas vezes, um estímulo específico e exclusivo, enquanto a pessoa passa pelo momento culminante desse estado.

Outra forma de criar uma âncora em outra pessoa consiste em lhe pedir que se lembre de um momento que a fez se sentir no estado que deseja suscitar. O objetivo neste ponto é que a pessoa experimente as mesmas sensações em seu corpo, como se estivesse revivendo a experiência. Quando isso acontece, você pode ver as mudanças fisiológicas (expressões faciais, postura, respiração) e, observe que esse estado se aproxima do ponto culminante, você deve fornecer rapidamente e várias vezes um estímulo específico e bem distinto, por exemplo, uma ligeira pressão no braço esquerdo da pessoa. Evidentemente, estas não são estratégias de persuasão dissimulada, já que neste capítulo em particular só estamos conhecendo o como a ancoragem funciona, por isso os exercícios propostos devem ser feitos com o consentimento da outra pessoa.

Para que a ancoragem seja eficaz, a pessoa deve estar em um estado totalmente associado e coerente, de forma integral no momento em que o estímulo é fornecido. Se você tentar quando a pessoa estiver pensando em outra coisa, o estímulo se dissipará ou ficará associado a sinais diferentes. Além disso, o estímulo deve ser fornecido no momento culminante da experiência. Se você adianta ou atrasa, perderá intensidade. Para saber qual é esse estado, você pode observar a pessoa ou pedir diretamente que ela diga quando estiver sentindo o mesmo que em sua experiência original. Considere também que o estímulo deve enviar ao cérebro um sinal distinto e inconfundível, por exemplo, um aperto de mãos, não seria o indicado, já que é um gesto muito comum. Finalmente, para que a âncora funcione, você tem que reproduzi-la várias vezes de forma exata.

Este é um processo que requer prática e, da mesma forma com os exercícios que vimos até agora, a melhor forma de praticar é em si mesmo. Lembre-se que quando se trata de aprender a controlar os processos da mente, você é o seu próprio laboratório, por isso, agora, faremos um pequeno experimento para que você produza uma âncora em si mesmo.

Para este exercício escolha três estados ou sensações que você gostaria de ter a sua disposição quando quiser. Ancore a uma parte específica de seu corpo, de modo que você possa acessá-los com facilidade. Digamos que você quer ter a capacidade de tomar decisões rapidamente, com segurança e suponha que para ancorar esta sensação, você decidir usar a junta do dedo indicador de sua mão direita.

Agora, pense em uma oportunidade de sua vida quando se sentiu completamente decidido e seguro. Mergulhe mentalmente essa situação e faça uma associação completa. Reviva a experiência e no seu momento culminante, quando você se sentir decidido e seguro ao máximo, pressione sua junta e diga mentalmente: "Eu posso!". Agora, pense em outra experiência semelhante e, quando estiver no pico deste processo, repita a mesma pressão e a mesma frase. Faça isso umas 6 ou 7 vezes para acumular uma série de âncoras poderosas. Em seguida, pense em uma decisão que você deve tomar, considere todos os fatores que deve saber para tomá-la e use o sinal da âncora.

É bem simples, mas requer prática. O domínio de todos os conceitos e habilidades de PNL que temos visto até agora produz uma sinergia incrível, já que se potencializam mutuamente. Espero que tenha colocado em prática o poder dessas técnicas, e espero que continue fazendo uso delas.

Agora, armado deste conhecimento, você poderá enviar poderosos sinais positivos para o seu cérebro ou de outras pessoas, para que tudo trabalhe a seu favor. Na terceira parte do livro, veremos uma técnica para "mudar ou enfraquecer crenças" que usa esses princípios e que lhe permitirá tornar-se um comunicador mais eficaz.

Agora já sabemos que, o que você diz e como o diz, afeta outras pessoas, e pode influenciar ou persuadir de formas diferentes, mas para usar essa habilidade você precisa ouvir com muita atenção o que está sendo dito, para perceber as palavras e frases que as pessoas utilizam. Em seguida, para seguir com os conceitos básicos de programação neurolinguística, falaremos sobre dois conceitos muito importantes: Os metaprogramas e o metamodelo.

CHAPTER 6
METAPROGRAMAS E METAMODELO

Os metaprogramas são espécies de "filtros", mediante os quais processamos a realidade e criamos o nosso mapa do mundo. Nossos cérebros funcionam como um computador que processa uma enorme quantidade de informações. Utilizando os metaprogramas organizamos essa informação em determinadas estruturas que nos indicam ao que devemos prestar atenção, que conclusões tirar de nossas experiências e quais serão as suas implicações.

O fato de compreender os metaprogramas de outras pessoas nos permite construir o rapport e nos comunicarmos de forma mais efetiva com elas. Geralmente, as pessoas com padrões de linguagem semelhantes mostram padrões de comportamento semelhantes. Cada pessoa tem metaprogramas preferidos e, para que a comunicação seja eficaz, você deve usar as palavras e frases da forma apropriada para cada pessoa, ou, em outras palavras, deve dizer o que é certo, da forma correta e no momento correto.

Normalmente, os metaprogramas se expressam na forma de pares, e os polos que os compõem expressam formas opostas de perceber e processar a informação. Em seguida, veremos alguns exemplos dos principais metaprogramas. Tenha em conta que esta não é uma análise extensiva sobre os metaprogramas, já que é desnecessário para os propósitos deste livro, mas eu lhe darei a informação que eu considero "suficiente" para o nosso objetivo: Melhorar a nossa capacidade de persuasão.

Afastar / Aproximar

Afastar: As pessoas que se regem por este metaprograma tendem a evitar, excluir, reconhecer problemas e prevenir. Geralmente se focam no que é negativo e evitam problemas. Para lidar com pessoas com este metaprograma você deve usar palavras ou frases no negativo ou que afastem a pessoa da situação, por exemplo, "Se você não fizer esse projeto, você pode trabalhar em...", "Se não cumprir a meta, então..."

Aproximar: As pessoas que usam este metaprograma tendem a se concentrar em alcançar, conseguir, obter. Geralmente focam no positivo e em alcançar objetivos. Para lidar com pessoas com este metaprograma use palavras ou frases no positivo ou que aproximem a pessoa de um objetivo, por exemplo, "Nossa meta é de um aumento de 5% nas vendas durante o próximo mês", "O benefício de lograr este desafio é..."

Global / Detalhes

Global: As pessoas que usam este metaprograma tendem a usar a imagem geral e a visão panorâmica. Para lidar com pessoas com este metaprograma é preciso usar palavras ou frases que lhe deem um panorama da imagem global, por exemplo, "Em geral, o que isso significa?".

Detalhes: As pessoas que usam este metaprograma tendem a se concentrar em detalhes, as sequências, a exatidão e a precisão. Para lidar com pessoas com este metaprograma é preciso usar palavras ou frases relacionadas com os detalhes, como por exemplo, "No segundo semestre do próximo ano, nosso crescimento será de 15%".

Interno / Externo

Interno: As pessoas que usam este metaprograma tendem a focar no interior, no uso dos próprios sentimentos e no autocontrole, gostam de tomar suas próprias decisões. Para lidar com pessoas com este metaprograma é preciso usar palavras ou frases sobre sentimentos pessoais, por exemplo, "Depende de você, você é quem decide".

Externo: As pessoas que usam este metaprograma tendem a ser dependentes de outros. Sentem que o controle depende de outras pessoas e precisam de feedback. Para lidar com pessoas com este metaprograma é preciso usar palavras ou frases sobre outras pessoas, por exemplo, "Meu chefe disse que eu não posso fazer isso", "Isso tem funcionado com outras pessoas".

Orientado para o passado / Orientado para o futuro

Orientado para o passado: As pessoas que usam este metaprograma tendem a se focar no passado. Para lidar com pessoas com este metaprograma é preciso usar palavras ou frases sobre o passado, por exemplo, "A última vez que fiz essa apresentação...".

Orientado para o futuro: As pessoas que usam este metaprograma tendem a se focar no passado. Para lidar com pessoas com este metaprograma é preciso usar palavras ou frases sobre o futuro, por exemplo, "Em cinco anos quero ser...".

Opções / Procedimentos

Opções: As pessoas que usam este metaprograma tendem a experimentar coisas novas e se concentram nas escolhas. Gosta de variedade e apreciam as diferentes possibilidades. Começam projetos, mas nem sempre os terminam. Para lidar com pessoas com este metaprograma é preciso usar palavras ou frases sobre opções, por exemplo, "Você pode escolher a cor que preferir".

Procedimentos: As pessoas que usam este metaprograma tendem a seguir regras estabelecidas. Seguem métodos e procedimentos. Gostam de instruções precisas, respeitam os limites de velocidade, etc. Para lidar com pessoas com este metaprograma é preciso usar palavras ou frases com procedimentos claros, por exemplo, "você tem que seguir os passos de 1 a 10 na ordem".

Pró-Ativo / Reativo

Pró-ativo: As pessoas que usam este metaprograma usufruem ao realizar coisas, assumir o controle e agir. Gostam de estar no comando, encontrar soluções, avançar mais rápido. Para lidar com pessoas com este metaprograma é preciso usar palavras ou frases relacionadas à ação, por exemplo, "você deve fazer isso agora".

Reativo: As pessoas que usam este metaprograma tendem a esperar que os outros tomem a liderança. Analisam-se as possibilidades e objetivos, esperam instruções, avançam devagar. Para lidar com pessoas com este metaprograma é preciso usar palavras ou frases relacionadas com a espera, por exemplo, "Vamos esperar e ver o que diz o administrador".

Esses metaprogramas lhe dão uma ideia das tendências de nossos pensamentos e a importância das palavras que usamos. Agora, para terminar este capítulo com conceitos básicos de PNL, falaremos sobre o metamodelo.

Para qualquer pessoa interessada em PNL, o metamodelo é uma ferramenta incrível, e é a primeira coisa que se ensina nos cursos de certificação. É ideal para ter um pensamento claro, reenquadrar crenças limitantes, e mostrar como os processos de pensamento de uma pessoa afetam seu comportamento.

Em cada conversa, inconscientemente, usamos 3 filtros ou processos. Estes filtros são a eliminação, distorção e generalização. Os filtros transformam o que vivenciamos com nossos sentidos, pensamentos e podem funcionar de forma positiva ou negativa. Os três filtros são: eliminar, distorcer e generalizar.

Eliminar consiste em ser seletivo nas experiências e escolher omitir determinada informação, onde uma parte é apagada, por exemplo, pode-se dizer que um projeto vai bem, porque foram cumpridos os prazos, e ignorar que os custos estão acima do orçamento.

Distorcer é ter como base palavras ou ações de outras pessoas para criar um significado que não é necessariamente verdadeiro, por exemplo, ouvir alguém rir e pensar que está rindo de você.

A generalização consiste em acreditar que algo que é universalmente verdadeiro, baseado em uma experiência limitada. Generalizar é, inconscientemente, desenvolver regras que podem ser certas ou erradas. As palavras para generalizar podem ser "sempre", "nunca", "tudo", "nada", etc.

Mas como podemos compensar o uso dos filtros quando nos comunicamos?

Como você verá mais adiante, as perguntas são as respostas. Ou seja, quando se identifica um filtro da linguagem, podem-se fazer algumas perguntas para se obter um melhor entendimento do que está sendo dito. Estas perguntas podem ajudar a reunir mais informações (em caso de eliminação), tirar um significado (no caso de distorção) e identificar uma limitação (em caso de generalização). Vejamos alguns exemplos.

Quando identificarmos o filtro de eliminação, ou seja, quando detectamos uma omissão, nosso objetivo será o de reunir mais informações para entender a mensagem, neste caso podemos fazer perguntas como "O quê? Onde? Quando? Como? Quem? Podemos também usar as palavras "exatamente", "especificamente", "precisamente". Por exemplo, se alguém diz "isso é bom", você poderia perguntar: "Especificamente, em que aspecto é bom?"

Quando encontramos uma distorção ou uma mudança de significado, nosso objetivo será compreender o real significado da mensagem ou da experiência. Para isso, podemos fazer perguntas sobre o como e sobre a evidência, tais como: Quem disse? Como você sabe? Por exemplo, se alguém diz "Se no jantar da empresa te colocarem sentado ao lado do gerente, significa que você será promovido", você poderia perguntar: "De que forma isso garante uma promoção?

Quando encontramos uma generalização, ou seja, quando a partir de uma experiência específica se estabelece um princípio geral, o nosso objetivo é expandir a conversa, além dos limites que a pessoa tenha estabelecido. Neste caso, podemos fazer perguntas para ter certeza de que, efetivamente, sempre ou nunca acontece algo. Por exemplo, se alguém diz, "está tudo errado", você poderia perguntar,

"Tudo ou apenas um aspecto?" Ou se alguém diz "Isso sempre acontece", você poderia perguntar "Sempre, ou apenas ocasionalmente?"

O problema é que o metamodelo pode ser um pouco complicado de dominar. A maioria de nós temos dificuldades em fazer coisas se não tivermos um processo em nossa mente, e é por isso que há alguns anos, Genie LaBorde (baseada no trabalho de John Grinder), elaborou uma versão simplificada do metamodelo, que chamou de "**Os cinco pontos**". Este processo representa as eliminações, generalizações e distorções comuns na comunicação que criam confusão, ambiguidade, interpretações (ao invés de observações) e suposições.

Os cinco pontos são os seguintes:

1. Substantivos (O que especificamente? ou Quem, especificamente?).

2. Verbos (Como, especificamente?)

3. Regras (O que aconteceria se...?)

4. Generalizações (Tudo...? Sempre...? Nunca...?).

5. Comparações (Melhor do que o quê? Comparado ao quê?)

Genie os chamou de os cinco pontos porque é associado com cada um dos dedos da mão, uma forma de aprender mais rápido e ter uma reação mais rápida, quando você se depara com uma violação ao Metamodelo. O dedo indicador representa os substantivos, o dedo médio os verbos, o dedo anular as regras, o mínimo as generalizações, e o polegar representa as comparações.

Vejamos a seguinte frase que está cheia de violações ao metamodelo: "Eles dizem que a mudança climática destruirá o planeta em poucos anos".

Como podemos derrubar essa crença? Por onde começar?

Pense por um momento e tente encontrar uma estratégia. Uma vez que você a tenha, continue lendo.

Encontrou?

Muito bem, vamos comparar, então, com a estratégia de Genie LaBorde. Genie recomenda que, primeiro, vamos começar com os substantivos não especificados. Assim, no exemplo, poderíamos perguntar, "Quem especificamente disse que a mudança climática irá destruir o mundo?". Outro substantivo é a "mudança climática". "Como, especificamente, a mudança climática irá destruir o mundo?". Agora podemos avançar para o verbo destruir. Como especificamente, o mundo será destruído? E dessa forma avançamos no sentido de enfraquecer a crença.

Agora é a sua vez.

Como aplicar os cinco pontos se alguém disser as seguintes frases:

- "Todos me odeiam".
- "Isso nunca vai funcionar".
- "Ele é a pessoa mais indicada para o trabalho".
- "Nunca vou conseguir".
- "Nunca poderei comprá-lo".

O metamodelo e os cinco pontos podem levar a sua habilidade comunicativa para um novo nível, embora o problema, assim como com as demais técnicas de PNL, seja que a maioria das pessoas que as estudam, não a usam. O metamodelo é vital para se comunicar e entender as pessoas com as quais você se relaciona em todos os âmbitos de sua vida, por isso eu recomendo que você aprenda e o use. Separe alguns minutos para dominar e aplicar esta informação, já que será particularmente útil quando precisar lidar com objeções. Mais tarde, veremos padrões de linguagem específicos para lidar com as objeções, embora esta ferramenta por si só, já é suficiente para criar uma vantagem em sua habilidade de persuasão.

Em seguida, aprenderemos novas ferramentas de PNL para redefinir e mudar o foco de atenção, em si mesmo e nos outros.

CHAPTER 7
PADRÕES DE REDEFINIÇÃO PARA MUDAR O FOCO DE ATENÇÃO

E sta é uma ferramenta pura de PNL que foi desenvolvida para a melhoria pessoal e para ser aplicada em si mesmo. Portanto, nesta primeira parte do livro, você aprenderá a usá-la para melhorar seu estilo de comunicação e, na parte 3, você aprenderá padrões específicos que usam este princípio para persuadir e influenciar.

Confie em mim. Tenha paciência e leia o livro na sequência. Minha intenção é fornecer ferramentas práticas e eficazes de persuasão, e a melhor forma de verificar imediatamente a sua eficácia é experimentar as ferramentas em si mesmo. Portanto, leia estes padrões de redefinição, use-o em sua comunicação e observe os resultados.

Em sua forma mais simples, os padrões de redefinição consistem em alterar um julgamento negativo para um positivo. No caso da persuasão, a ideia é fazer com que a outra pessoa passe de um estado de oposição e resistência para um estado de aceitação e confiança. Os padrões de refinamento são um dos meios mais poderosos que existem para mudar, suas opiniões e a dos outros, a respeito de uma experiência ou situação em particular.

Vejamos então 3 padrões que você pode usar para redefinir e mudar o foco de atenção.

Padrão 1: Intenção positiva

Este padrão implica em explorar a "intenção positiva" que se esconde por trás do comportamento de uma pessoa. É particularmente útil quando você enfrentar objeções ou pessoas resistentes às suas ideias. Por exemplo, um adolescente pode sentir-se atacado caso seu pai critique suas ideias constantemente, mas essa sensação pode desaparecer quando lhe fizerem ver que existe uma intenção positiva por trás do comportamento de seu pai. Ou seja, a sua função será a de detectar o que falta a uma ideia ou um plano para transmitir uma perspectiva favorável e, assim, evitar problemas.

Este padrão será particularmente útil quando tratar com pessoas críticas. Os "críticos" são muitas vezes considerados as pessoas mais difíceis de tratar, dentro de uma interação, em razão de sua aparente negatividade e de sua tendência a encontrar problemas nas ideias e sugestões de outros. Gosta de operar a partir de um "quadro problema" ou "quadro de fracasso", ao contrário dos sonhadores que operam a partir de um "quadro como se", enquanto que os realistas o fazem a partir de um "quadro objetivo" ou um "quadro feedback".

Um dos principais problemas com as críticas é que costumam ter formas de julgamentos generalizados ou absolutos, por exemplo, "esta ideia nunca vai funcionar" ou "este não é um plano realista", etc. O problema com estes tipos de generalizações verbais é que, devido à forma como são expressas, não há mais opções além de estar totalmente de acordo ou em desacordo com elas. Deste modo, a crítica leva à polarização e, finalmente, o conflito se não se mostra de acordo com a crítica.

Os problemas mais difíceis se apresentam quando o crítico não se limita a criticar a ideia ou plano, mas que também julga a pessoa. Apesar de tudo, é importante não perder de vista que o comportamento crítico, como qualquer outro comportamento, é motivado por sua correspondente intenção positiva. Portanto, esforça-te, e encontre a intenção positiva por trás do crítico para começar a trabalhar a partir daí.

Outro problema com as críticas é que costumam se expressar em termos de negações verbais, por exemplo, "evitar o stress" em vez de "sentir-se mais relaxado", ou seja, muitas críticas vêm emolduradas com o que não se quer, em vez de com o que se quer. Portanto, uma habilidade crucial para lidar com as críticas e transformar o quadro problema no quadro objetivo é a capacidade de reconhecer a intenção positiva das críticas e expressá-la em afirmações positivas.

Então, uma vez que foi determinada a intenção positiva por trás de uma crítica, e apresentada em termos positivos, a mesma crítica pode ser transformada em uma pergunta. Ao transformar uma crítica em pergunta, as opções de resposta são totalmente diferentes de quando se formula em termos de julgamento ou generalização. Por exemplo:

Em vez de dizer "Isto é muito caro", você pode dizer "Como é que vamos pagar isso?".

Em vez de dizer "Isso nunca vai funcionar", você pode dizer "Como você colocaria essa ideia em prática?".

Em vez de dizer "Isso exige muito esforço", você pode dizer "Como você poderia tornar isso mais fácil e simples?".

Ao transformar as críticas em perguntas conseguimos manter o propósito da crítica, mas o resultado é muito mais produtivo. É importante notar que se trata principalmente de questões relacionadas ao "como". As perguntas associadas ao "por que" normalmente pressupõem outros juízos que também podem resultar em um desacordo.

Em resumo, para lidar com um crítico e convertê-lo, ao menos, em um crítico construtivo, devemos:

1. Descobrir o propósito positivo por trás da crítica.

2. Ter certeza de que a intenção positiva seja expressada ou enquadrada positivamente.

3. Transformar essa crítica em uma pergunta, de preferência sobre o "como".

Vejamos agora o seguinte padrão.

Padrão 2: Analogias ou metáforas

Em PNL chamamos esta técnica de fragmentar lateralmente, e consiste basicamente em procurar metáforas que trazem uma nova perspectiva sobre as implicações das generalizações ou julgamentos do ouvinte. Por exemplo, podemos dizer que "a incapacidade de aprender" é como "uma falha em um programa de computador". Isto levaria o ouvinte a uma nova posição a partir da qual você pode fazer perguntas como "Onde está a falha?", "Qual é a causa? ", "Como se pode corrigir?".

Todas as metáforas proporcionam benefícios em um contexto e limitações em outros, por isso você deve escolher com cuidado e inteligência para que aprofundem e enriqueçam a sua mensagem.

As metáforas podem mudar o significado do que está associado a qualquer coisa, mudar aquilo que se vincula à dor e ao prazer, e até transformar a vida das pessoas, por isso você deve se converter em um "detetive de metáforas". Cada vez que ouvir alguém usar uma metáfora que imponha limites, faça uma intervenção e ofereça uma nova metáfora. Novamente, a chave aqui é a prática. Nenhuma das técnicas e padrões de linguagem que você vai aprender neste livro funcionam por magia, só lendo. Mãos à obra e comece a procurar metáforas para incluir em suas interações.

Padrão 3: Mudança de objetivos

Um objetivo específico cria um tipo de estrutura que determina o que é percebido como relevante e o coloca dentro do quadro, e determina o que é visto como irrelevante e o coloca fora do quadro. Portanto, diferentes comportamentos são percebidos como relevantes ou irrelevantes, dependendo dos objetivos da pessoa que os percebe. Dessa forma, ao alterar os objetivos de uma pessoa, também mudamos os julgamentos e percepções do que é considerado relevante para aquele contexto em específico.

Por exemplo, suponha que uma pessoa se sente frustrada por não obter os resultados desejados em uma atividade. É comum que as pessoas se sintam bem, depois de ter estabelecido o objetivo de "fazer tudo corretamente". No entanto, ao lhe transmitir que o objetivo é "explorar", "aprender" ou "descobrir algo novo", possivelmente poderá alterar a forma como interpreta as experiências que surgirem. O que seria um fracasso, ao ter um objetivo de "fazer tudo bem" se converte em um sucesso quando se trata de "descobrir algo novo". Vejamos um exercício e provemos esse padrão em você mesmo:

1. Pense em uma situação em que você se sente frustrado ou fracassado. Por exemplo, "Falar em público diante de meus colegas e do gerente da empresa".

2. Qual é o julgamento negativo que você tem feito sobre

você mesmo ou sobre os outros, nessa situação? Por exemplo, "Se eu ficar nervoso ao falar em público, vou demonstrar fraqueza e insegurança".

3. Qual o objetivo que está implícito nesse julgamento? Por exemplo, "Eu nunca devo ficar nervoso ao falar em público".

4. Você poderia mudar o objetivo atual por qual outro objetivo, de forma a fazer parecer menos relevante o julgamento negativo, ou que lhe permita ver as consequências da situação como um ensinamento, em vez de um fracasso? Por exemplo, um objetivo pode ser "Falar com a maior quantidade de pessoas para aprender com cada experiência".

A partir da perspectiva da PNL, mudar para outro objetivo serve para "reenquadrar" nossa percepção da experiência e o reenquadramento é um dos processos fundamentais para a mudança. Você pode ver como esse novo objetivo, lhe dará a sensação de cumprimento e satisfação, independente do que aconteça? Isso não quer dizer que nos conformemos com a mediocridade, pelo contrário, nos deixa em uma posição melhor para continuar a praticar e polir as nossas habilidades.

Até aqui, chegaremos com a primeira parte deste livro aprendendo os conceitos básicos de programação neurolinguística. Espero que, se este foi o seu primeiro contato com a ciência do sucesso, que eu tenha conseguido transmitir uma ideia de quão poderosas são suas ferramentas e como podem ajudar a melhorar suas habilidades de comunicação e capacidade de persuasão. Por outro lado, se já tinha conhecimento prévio de PNL, espero que este tenha sido um lembrete útil e que você tenha dado o impulso para retomar a prática destas técnicas. Em seguida, aprofundaremos no tema, que nos interessa: A persuasão. Portanto, nos capítulos seguintes, vamos falar sobre os princípios de persuasão e as regras da comunicação bem-sucedida. Posteriormente, na parte 3 do livro, veremos os padrões de linguagem.

PART II

PRINCÍPIOS DE PERSUASÃO

"Rompa com a obsessão de dizer o que está decidido, e em troca, pense no que vai ouvir."

Neste capítulo veremos os princípios gerais de persuasão sobre os quais respaldaremos os padrões de linguagem que aprenderemos em capítulos posteriores. O conteúdo deste capítulo é poderoso o suficiente para aumentar a sua habilidade de persuasão imediatamente depois de lê-lo, mas quando usado em conjunto com os padrões de linguagem que veremos mais adiante, a combinação será imbatível. Então, sem mais delongas, vamos começar com os princípios de persuasão de Cialdini.

CHAPTER 8

OS PRINCÍPIOS DE PERSUASÃO DE CIALDINI

Não podemos falar de persuasão e influência sem primeiro falar dos princípios de persuasão de Robert Cialdini. Robert Cialdini é, talvez, um dos melhores especialistas do mundo em influência e persuasão. Depois de décadas de pesquisas e estudos, Cialdini identificou as principais áreas de influência e, em seguida, conheceremos 5 destes princípios e como você pode usá-los para influenciar os outros.

Princípio 1: Reciprocidade

Nós evoluímos nos tornando criaturas sociais e, em consequência, as pessoas tendem a devolver os favores. Se alguém faz ou dá algo útil para outra pessoa, essa pessoa geralmente sentirá uma necessidade instintiva de "pagar" esse favor. Um exemplo notável do uso do princípio de reciprocidade são os Hare Krishna. Eles lhe darão uma flor (ou, em alguns casos, um livro) e dirão que foi um presente. No entanto, assim que o "presente" foi aceito, o discípulo pedirá uma doação. Esta técnica tem aumentado drasticamente a quantidade de doações que recebem.

Há, virtualmente, um número infinito de maneiras de usar o princípio de reciprocidade a seu favor, mas tenha em conta o seguinte:

Normalmente, quando fazemos um favor a alguém, estamos desperdiçando a oportunidade de explorar este princípio. Quando nos agradecem acostumamos a dizer "Não se preocupe" ou "Não foi nada". Ao dizer essas coisas, você está diminuindo, inadvertidamente, o favor que fez. Se você faz com que pareça que realmente não foi nada, o que acha que as pessoas sentirão? Sentirão que não te devem nada. A partir de agora, diga "Eu sei que você faria o mesmo por mim". Não mais, nem menos. Esta é uma resposta amigável, mas também mantém a sensação de dívida e deixa espaço para que lhe correspondam. Certifique-se de usar o poder da reciprocidade, para o seu benefício e não para relativizar a importância dos favores que fez para outros.

Princípio 2: Compromisso e consistência

Comprometer-se com um objetivo ou ideia, seja por escrito ou oralmente, aumenta significativamente a probabilidade de a pessoa cumprir o compromisso, mesmo se não houver um incentivo para fazê-lo, ou se a motivação ou incentivo original for excluído depois de feito o acordo. A razão por trás deste princípio é que o compromisso nos faz querer ser congruentes com a nossa autoimagem.

Um estudo realizado em meados da década de 1960 pelos psicólogos Jonathan Freedman e Scott Fraser testaram isso, pedindo para os proprietários colocassem um outdoor em seus jardins, que dizia: "DIRIJA com CUIDADO". Obviamente, isso era indesejável e um pedido bem peculiar, pelo que apenas 17% dos proprietários aceitaram o pedido absurdo, quando os pesquisadores foram de porta em porta fazendo-se passar por trabalhadores voluntários.

No entanto, ao fazer um pequeno ajuste, aparentemente insignificante, a seu pedido, os pesquisadores conseguiram que essa taxa chegasse a um surpreendente 76% de aceitação.

Como provocaram uma resposta tão incrivelmente diferente?

Eis como o fizeram: duas semanas antes, os pesquisadores pediram aos proprietários que colocassem um letreiro pequeno de 8 centímetros que dizia "SEJA UM CONDUTOR SEGURO". Devido a este pedido tão pouco importante, praticamente todo mundo concordou. No entanto, quando um outro "voluntário", retornou duas semanas mais tarde, estes proprietários foram muito mais receptivos ao segundo pedido do letreiro maior.

Por que é que aceitarem colocar um adesivo do tamanho de um cartão de visita em sua janela, levou os proprietários a estarem dispostos a sacrificar o seu quintal da frente para colocar uma placa do tamanho de um outdoor?

Nós temos a tendência natural a ser consistentes em todas as áreas da vida. Uma vez que alguém se compromete com algo, toma uma decisão, realiza uma ação ou toma uma posição, se esforça por fazer com que todos os comportamentos futuros sejam congruentes com este comportamento anterior. Este princípio de compromisso e coerência explica por que a técnica do "pé na porta" é tão eficaz (veremos esta técnica na parte 3 do livro).

Portanto, para usar o princípio do compromisso e consistência a seu favor, faça com que alguém faça algo pequeno para estabelecer um pequeno compromisso com a sua autoimagem, e em seguida, será mais provável que mantenha esse compromisso e aceite pedidos maiores mantendo essa autoimagem.

Princípio 3: Prova social

Imagine que dirige para uma cidade onde nunca foi. Você está com fome. Existem dois restaurantes. Um tem o estacionamento cheio e a fila de clientes se estende até do lado de fora do local. O outro restaurante está praticamente deserto. Não tem quase ninguém.

Em qual você vai?

Em 9 de cada 10 casos, irá para o que está cheio. Não irá "apesar" de estar cheio, mas "porque" está cheio. A suposição é que, se todos os outros estão lá, este é, provavelmente, um restaurante muito melhor do que o outro.

Essa é a prova social em ação.

A prova social é a razão por que vemos tantas campanhas de marketing, promovendo slogans como "Junte-se aos outros 300.000 membros felizes" ou "Usado por milhões de clientes satisfeitos" ou "Como visto na TV".

A prova social é um dos métodos de persuasão mais poderosos. Use-o, mostrando depoimentos, opiniões, pessoas que usam o seu produto, a quantidade de produtos vendidos, etc., também pode usar a prova social em situações menores, como criar consenso, por exemplo; se a maioria das pessoas está de acordo com algo, então aqueles que estão menos seguros estarão mais propensos a aceitar esse consenso.

Princípio 4: Autoridade

As pessoas tendem a obedecer a figuras de autoridade, mesmo que lhes peçam que façam algo que seja questionável ou, como eles mostraram alguns estudos, absoluta-mente antiético.

Um famoso exemplo do poder que tem a aparente auto-ridade sobre as pessoas é o experimento de Milgram.

O experimento de Milgram fez com que pesquisadores de aspecto autoritário ordenassem aos participantes que administrassem poderosas e dolorosas descargas elétricas em atores (embora os participantes não soubessem que as pessoas que supostamente estavam eletrocutando eram apenas atores) que gritavam e suplicavam que parassem. Mas, devido ao poder avassalador da autoridade, pratica-mente todos os participantes continuaram obedecendo as ordens e eletrocutando suas vítimas que gritavam.

Outro exemplo do poder de autoridade vem de um jornalista de televisão que colocou um sinal em um caixa eletrônico que dizia: "FORA DE SERVIÇO. ENTREGUE SEUS DEPÓSITOS AO POLICIAL". Vestido com um aspecto autoritário, com um uniforme convincente, com uma placa no peito e um cassetete na cintura, o jornalista conseguiu obter US $10.000 em dinheiro e cheques em apenas duas horas. Além disso, também obteve cartões de crédito, números de segurança social, números de conta, códigos PIN e outras informações privadas das pessoas. Surpreendentemente (ou talvez como era de se esperar), apenas uma pessoa se opôs e duvidou da aparente autori-dade policial. Quando o jornalista mostrou a sua verdadeira identidade e revelou o engano, perguntando às vítimas que deram tão facilmente o seu dinheiro e a sua informação privada, todos responderam praticamente com a mesma resposta: "Por causa do uniforme".

Parece um exagero?

A autoridade não se trata de força ou autoridade conce-dida, como a autoridade de um policial. Também se trata de aparências. Imagine que você está considerando ir a um seminário para se tornar um empreendedor de sucesso. Você tem duas opções: Seminário A ou Seminário B.

O seminário A está a cargo de um empresário que dirige uma Ferrari, se veste com trajes exóticos, bem ajustados, usa um relógio que parece custar o seu salário anual e, em geral, é visto como um empreendedor de sucesso.

O seminário B é dirigido por um empresário que dirige um Toyota 1998 bagunçado, tem excesso de peso, aparentemente, não lava o cabelo há vários dias, e se não fosse por seu fraco terno de baixa qualidade, seria mais como um açougueiro no meio de sua jornada de trabalho, do que, como um empreendedor de sucesso.

Em qual seminário você iria? 9 em cada 10 pessoas irão para o seminário A, porque para esse nicho particular, a pessoa que dirige esse seminário se parece muito mais crível que o tipo desleixado, que dirige o seminário B. No entanto, a realidade é que o cara que dirige o seminário A poderia ser um vigarista, mas julgamos pela aparência que alguém é autoridade no assunto e nos deixamos persuadir.

Portanto, embora seja provável que você não queira se vestir como um policial com distintivo e um cassetete, você pode usar o poder de autoridade em seu benefício ao apresentar uma linguagem corporal segura e falar com voz firme, decidida e autoritária.

Princípio 5: Gostar

As pessoas são mais propensas a ser influenciadas ou persuadidas, pelas pessoas de quem gostam.

Em algum momento da minha vida prestei assessoria a uma empresa de vendedores porta a porta e notei uma tendência interessante. Os vendedores que faziam mais vendas (e ganhavam mais comissões) não eram os vende-dores que falavam com mais pessoas. De fato, houve uma correlação quase negativa entre o número de clientes em potencial e o número de vendas.

Isto porque os vendedores que faziam a maior quanti-dade de vendas passavam mais tempo com cada cliente potencial. Desenvolviam uma "relação". Falavam com eles, os conheciam e, como resultado, caiam no agrado dos clien-tes, por isso tiveram mais chances de persuadi-los. Esse é o poder da simpatia

Há um tempo li um artigo da Forbes ("A inteligência é supervalorizada: o que realmente é preciso para ter suces-so"), que se referia à pesquisa do psicólogo, vencedor do Prêmio Nobel, Daniel Kahneman. O que ele descobriu foi que as pessoas preferem fazer negócios com alguém que lhes agrade e em quem confiam (no lugar de alguém que não). Isto, obviamente, não é nenhuma surpresa, mas aqui está a parte interessante: As pessoas preferem fazer negócios com as pessoas que lhes agradam, até mesmo se oferecem um produto ou serviço de menor qualidade ou a um preço mais alto.

Muitos dos princípios que revimos parecem não ter lógica, mas nós, seres humanos, não tomamos decisões com base na lógica. O objetivo de conhecer estes princípios de influência, é que nos permitem aproveitar as três necessi-dades humanas básicas pelas quais todas as pessoas agem, estas três necessidades, ou motivadores, são a chave para entender como influenciar e persuadir as pessoas (de Cial-dini e Goldstein, 2004). Estas necessidades são a explicação de por que os padrões de linguagem que veremos na terceira parte do livro funcionam. Mas quais são essas três necessidades que colocam todos nós em ação? Veremos a seguir.

Necessidade de afiliação

A maior parte dos seres humanos somos sociais e queremos nos sentir amados. A rejeição não é agradável, e faremos de tudo para evitá-la. Respondemos as perguntas que nos fazem porque lhes enviamos uma mensagem sobre a nossa sociabilidade. Tentamos agradar a outras pessoas nos comportando de uma forma que acreditamos ser mais atraente, como estar de acordo com eles ou parabenizá-los. Queremos a aprovação de pessoas específicas, mas não só isso, também queremos a aprovação da sociedade em geral. Queremos que as coisas que fazemos, pensamos e acreditamos estejam de acordo com o que os outros fazem, pensam e acreditam. Não é impossível ser diferente, mas é muito difícil.

As técnicas da simpatia e da reciprocidade mencionadas anteriormente, jogam claramente com o nosso desejo de afiliação, como muitas outras técnicas de persuasão e influência, e os melhores influenciadores aproveitam esta necessidade e nos dão algo que possamos seguir.

Necessidade de precisão

As pessoas que não se importam em fazer corretamente as coisas não chegam a lugar nenhum na vida. Para alcançar nossos objetivos em um mundo complicado, temos que estar continuamente tentando encontrar o melhor curso de ação. Poderia ser a precisão em situações sociais, como a forma de lidar com o chefe ou como fazer amigos, ou poderia ser a precisão em questões financeiras, como a forma de gerir um negócio. Qualquer que seja o cenário, as pessoas sempre se esforçam por obter a resposta "correta".

Os influenciadores entendem a nossa necessidade de

estar certos, e por isso tentam oferecer coisas que apelem para a nossa necessidade de precisão. Por exemplo, os peritos ou as figuras de autoridade têm uma grande influência nas pessoas, porque oferecem uma visão ou uma forma "correta" de fazer as coisas, especialmente uma na qual não tenhamos que pensar muito. A técnica do teste social apela para o nosso desejo de ser precisos, porque acreditamos que provavelmente outras pessoas tenham razão e não queremos perder um negócio.

Necessidade de manter um autoconceito positivo e consistente

As pessoas querem proteger a visão de si mesmas, porque é necessário muito tempo e esforço para construir uma visão coerente de si mesmo e de seu lugar no mundo. Nós trabalhamos muito para manter intacta a nossa identidade: queremos manter a nossa autoestima, queremos continuar crendo nas coisas em que acreditamos e queremos honrar os compromissos assumidos no passado. Em um mundo inconsistente, pelo menos, deveríamos ser auto consistentes.

Os persuasores e pessoas influentes podem aproveitar essa necessidade ao invocar o nosso sentido de auto consistência. Um exemplo trivial, mas instrutivo, é a técnica do "pé na porta", que veremos na terceira parte do livro. Onde um influenciador lhe pede para aceitar um pequeno pedido antes de solicitar um maior. Como as pessoas, de alguma forma, sentem que seria inconsistente aceitar uma solicitação e, em seguida, rejeitar a seguinte, vão querer dizer que sim novamente. Como você verá mais adiante, as pessoas chegam a extremos surpreendentes com o fim de manter uma visão positiva de si mesmos.

Todos nós queremos ser precisos, nos afiliarmos a outros

e mantermos um bom conceito de si mesmo, não importa o pouco conhecimento que tenhamos destas necessidades. Os padrões de linguagem que você aprenderá em seguida, apontam para atender a uma ou mais dessas necessidades e, com isso em mente, é possível adaptar as tentativas de persuasão às características particulares de uma audiência, em vez de confiar em técnicas genéricas. Quer esteja no trabalho, lidando com o seu chefe ou em casa negociando com um vizinho, você poderá se beneficiar ao pensar sobre os motivadores inconscientes das outras pessoas e assim resolver como alinhar a sua mensagem com suas necessidades.

Agora que conhecemos os princípios de influência e as necessidades básicas que cada pessoa busca satisfazer, você pode estar se perguntando como podemos estruturar a nossa mensagem?

Essa é uma boa pergunta. Felizmente, existem certas regras e padrões que nos permitem desenvolver e potenciar as nossas mensagens persuasivas. No próximo capítulo, veremos quais são essas regras e, tenha em mente que, apesar de ainda não termos aprendido nenhum padrão de linguagem, essas regras por si só, são técnicas de persuasão muito eficazes. Estas regras são a argamassa que lhe permite unir os padrões de linguagem para construir poderosas mensagens persuasivas.

CHAPTER 9

AS REGRAS DA COMUNICAÇÃO BEM-SUCEDIDA

Todas as técnicas e conceitos expostos neste livro são extremamente eficazes e, em sua maioria, foram comprovados cientificamente. Se você tivesse que ler um único capítulo deste livro, lhe recomendo que leia este. Estou seguro de que este capítulo lhe abrirá os olhos para o verdadeiro mundo da persuasão e, é tão importante, que eu sugiro que você coloque um lembrete no seu Smartphone para voltar a ler em exatamente um mês. Confie em mim e faça isso. No pior dos casos, se você não compartilhar da minha visão, quando terminar de ler terá que desativar o lembrete e tudo continuará como antes. Por outro lado, no melhor dos casos, imagine como será a sua vida pessoal e profissional quando você tiver um quadro de trabalho que te mostre com clareza os caminhos que você deve tomar e os botões emocionais que deve apertar para aumentar suas chances de persuadir e influenciar as pessoas.

O fez?

Excelente. Isso é um sinal de que você está levando a sério o seu aprendizado e, como com qualquer outro assunto, o compromisso é o que marca a diferença entre alcançar os seus objetivos ou simplesmente perder o tempo lendo um livro que em breve cairá no esquecimento.

Muito bem. Continuemos.

Como já mencionei no início do livro, eu gosto de manter meus livros breves e concisos, embora algumas pessoas gostem do contrário. A razão disso é muito simples: Simplicidade. Por que é importante? Veremos a seguir.

Simplicidade e repetição

William Safire e William F. Buckley são dois dos criadores de palavras cruzadas do New York Times e uma de suas regras é a seguinte: "Evitar palavras que poderiam forçar alguém a procurar um dicionário, porque a maioria das pessoas não o fará". É preciso fazer com que os significados das palavras naveguem tranquilamente para a mente das pessoas. Poderíamos discutir tudo o que você quiser sobre o "embrutecimento" da sociedade, mas, a menos que fale na língua de seu público-alvo, as pessoas que você quer alcançar não lhe escutarão.

A simplicidade vale ouro. A pessoa média não se formou na universidade e não entende a diferença entre casa e lar. A sofisticação é algo que parece atraente, mas certamente não é o que as pessoas compram. E quando eu digo comprar, não me refiro somente a produtos, mas também de ideias. De fato, usar uma palavra longa, quando uma breve palavra seria suficiente, tende a levantar suspeitas: "o que é que este tipo tenta me vender? Tem algum motivo oculto?".

A linguagem mais eficaz esclarece, em vez de deixar dúvidas. Quanto mais simples apresentar uma ideia, mais compreensível será e, portanto, mais crível será.

O princípio da simplicidade rege quase todas as esferas de nossa vida. Quando foi a última vez que você usou as palavras "International Business Machines" em vez de "IBM"? Ou "Federal Express" em vez de "FedEx"? Ou "Kentucky Fried Chicken" em vez de "KFC"? Esta preferência pública por palavras e siglas simples se refletem também na cultura popular. Até mesmo os filmes têm abreviado os seus nomes, por exemplo, "Exterminador 6" ou "Terminador 6" passou a ser simplesmente "T6", "Missão Impossível" passou a ser "MI", "O dia da independência" passou a ser "DI", só para citar alguns exemplos.

Até mesmo o nosso comportamento diário foi simplificado. Agora vivemos em um mundo de mensagens de texto, emoticons e escrevemos abreviações de palavras. Hoje em dia processamos tanta informação visual e sonora, como nunca, e não é de admirar que muitos de nós não tenhamos paciência para desvendar finas nuances e as conotações de muitas palavras sofisticadas. Goste ou não, no trabalho, em casa, nos negócios e na vida pessoal, as coisas boas realmente vêm em pacotes pequenos e em frases pequenas.

Portanto, se você está prestes a transmitir uma mensagem importante, faça-o de forma simples e breve. Seja o mais breve possível. Nunca use um parágrafo quando uma frase é suficiente. Nunca use quatro palavras quando três possam dizer o mesmo. Embora tenha em conta o seguinte: Isso não se trata de usar frases demasiado longas ou curtas, mas de usar as sentenças "corretas". Isso não se trata de controlar sua vontade de falar ou escrever, mas de encontrar a peça certa do quebra-cabeça da linguagem para que se ajuste ao espaço preciso que você está tentando preencher.

No entanto, e apesar de todos os benefícios da simplicidade, esta não deve ser usada sozinha. Deve ser combinada com a repetição. Isto é o que os psicólogos chamam a ilusão da verdade e surge, ao menos em parte, porque a familiaridade gera simpatia. À medida que estamos expostos a uma mensagem uma e outra vez, essa se torna mais familiar. Devido à forma como nossas mentes funcionam, assumimos que o que é familiar também é verdade. As coisas familiares requerem menos esforço para processá-los e essa sensação de facilidade sugere, inconscientemente, veracidade (isto se chama fluidez cognitiva).

Como todo político sabe, não há muita diferença entre a verdade real e a ilusão da verdade. Dado que as ilusões são muitas vezes mais fáceis de produzir, por que se preocupar com a verdade? Vemos anúncios dos mesmos produtos, uma e outra vez. Os políticos repetem as mesmas mensagens para sempre (mesmo quando não têm nada a ver com a pergunta que lhe foi feita) e os jornalistas repetem as mesmas opiniões, dia após dia.

As pessoas classificam as afirmações que foram repetidas como se fossem mais válidas ou verdadeiras do que as que ouvem pela primeira vez. Inclusive qualificam as afirmações como verdadeiras, mesmo se a pessoa que as diz mentiu repetidamente (Begg et al., 1992). Parece muito simplista pensar que repetir uma mensagem persuasiva deveria aumentar o seu efeito, mas é exatamente isso que as investigações psicológicas descobriram. A repetição é um dos métodos de persuasão mais simples e amplos. De fato, é tão óbvio que às vezes nos esquecemos o quão poderoso é. Mesmo quando as pessoas discutem um problema em uma reunião, você pode ver um efeito paralelo. Quando uma pessoa do grupo repete a sua opinião algumas vezes, as outras pessoas pensam que essa é a opinião mais representativa de todo o grupo.

Mas quando a repetição falha?

A repetição é eficaz em quase todos os âmbitos onde as pessoas prestam pouca atenção, mas quando se concentram e o argumento é fraco, o efeito desaparece (Moons et al., 2008). Em outras palavras, não é bom repetir um argumento fraco para pessoas que estão ouvindo atentamente, mas se as pessoas não têm interesse em examinar cuidadosamente seus argumentos, então repita descaradamente: o público achará o argumento mais familiar e, portanto, mais persuasivo.

Credibilidade e problemas na comunicação

Agora pense no seguinte: o que acontece quando alguém se dirige a um pensador crítico e usa frases longas e palavras complicadas para parecer profissional? A credibilidade desaparece imediatamente. Não mine sua credibilidade nem tente desprezar isso. Como disse Abraham Lincoln, "Não se pode enganar todas as pessoas todo o tempo". Se suas palavras carecem de sinceridade, se contradizem fatos, circunstâncias ou percepções aceitas, carecerão de impacto.

Al Gore, durante sua campanha presidencial no ano 2000, declarou: "Durante o meu serviço no Congresso dos Estados Unidos, tomei a iniciativa de criar a Internet". Apesar de Gore ter sido o primeiro líder político nos Estados Unidos em reconhecer a importância da Internet e promover o seu desenvolvimento, a atribuição de ser o "inventor" da Internet não teve absolutamente nenhuma credibilidade e, pelo contrário, tornou-se um objeto de provocação permanente, o que prejudicou de forma significativa as suas esperanças eleitorais. Poucas coisas são mais valiosas do que a reputação. Isto é tão válido para um político como para você como indivíduo. As promessas exageradas resultantes de uma linguagem inapropriada podem ser um jogo extremamente perigoso. Mas como você pode ganhar credibilidade? É muito simples. Diga às pessoas quem você é e o que você faz, então seja esta pessoa, faça o que disse que faria e, finalmente, os lembre de que você é o que disse que seria.

Agora, vamos falar dos principais erros na comunicação e como você os pode evitar. Preste atenção na seguinte citação:

"As palavras soltas controlam a comunicação. Pró-vida, por exemplo, faz com que o outro lado seja automaticamente pró-morte. 'Se nós somos pró-vida, eu acho que as pessoas com quem estamos lidando são, você já sabe, [risos] preencha o espaço em branco'." - Bill Maher, Humorista e político

Isso faz sentido para você?

Posicionar uma ideia linguisticamente para que indique e confirme o contexto de uma audiência, muitas vezes, pode significar a diferença entre o sucesso e o fracasso dessa ideia. O fato é que nem todas as palavras com definições semelhantes geram a mesma resposta. As pessoas, muitas vezes, chegam a conclusões opostas sobre certas ideias, dependendo de como são formuladas as perguntas, mesmo se o resultado real dessas ideias é exatamente o mesmo. Com efeito, "enquadrar" uma ideia para que tenha um verdadeiro significado, na realidade, define os termos da comunicação. Lembre-se dos padrões de PNL que você aprendeu no início do livro, em que, ao redefinir uma situação, você pode gerar um efeito totalmente oposto na percepção.

Por exemplo, em uma pesquisa realizada com cidadãos norte-americanos se perguntou sobre o gasto do país em "bem-estar". 42% indicaram que estavam gastando muito e 23% opinaram que gastavam muito pouco (o outro 35%

opinou que o gasto era adequado). No entanto, em outra pesquisa, um esmagador 68% dos norte-americanos, opinou que estão gastando muito pouco com "assistência aos pobres", em comparação com apenas 7% que opinou que estão gastando muito. Vamos pensar um pouco: Que é a assistência aos pobres? Bem-estar! Então, embora a questão de fundo possa ser a mesma, as definições de bem-estar versus assistência aos pobres fazem toda a diferença na reação das pessoas.

Neste livro, eu não quero ensinar a modelar covardemente suas ideias para que coincidam com as opiniões de seus ouvintes, ao contrário, quero lhe ensinar a encontrar uma maneira mais atraente e persuasiva de apresentar as suas propostas ou ideias, de forma mais precisa. Agora, peço que faça uma experiência e avalie os resultados que obterá. Pense em dois grupos de 10 pessoas. Podem ser familiares ou amigos, ou você pode até mesmo usar seus contatos no Facebook. Em seguida, faça uma dessas duas perguntas para cada grupo:

- Não se deve dar assistência médica aos estrangeiros ilegais?
- Se deve negar a assistência médica aos estrangeiros ilegais?

Eu recomendo que você realize este teste para experimentar, em primeira mão, o efeito das palavras que você escolhe para definir uma ideia. Estas perguntas foram feitas em diversas pesquisas nos Estados Unidos, e estatisticamente, apenas 38% é da opinião de que se deve "negar" a assistência médica, enquanto que 55% é de opinião que "não se deve dar atenção médica". A diferença da resposta pode ser atribuída à diferença entre os casos. "Negar" implica que os direitos pessoais ou sociais estão em jogo e que alguém ou algo está a ponto de perder esse direito. Nos faz pensar em uma porta que foi fechada na cara de alguém. Por outro lado, se me abstenho de "dar" alguma coisa, não estou necessariamente afetando os seus direitos. Portanto, o contexto determina a reação de seus ouvintes.

Outro fator que produz erros na comunicação é o fato de assumir que todos temos a mesma definição para a mesma palavra. Hoje em dia, as pessoas tendem a usar o "eu acho" e "eu sinto" de forma intercambiável. Para alguns, isso é só um tema linguístico, mas o que há de psicologia por trás disso? Existe alguma diferença se o que você diz está redigido em termos de "pensar" ou "sentir"?

Superficialmente, a diferença parece muito leve. As frases "Eu sinto que a recuperação econômica está próxima" e "Eu acho que a recuperação econômica próxima" transmitem a mesma mensagem. No entanto, um novo estudo publicado na revista "Personality and Social Psychology Bulletin" explica que esta pequena diferença pode influenciar o poder de uma mensagem persuasiva (Mayer e Tormala, 2010).

Nicole Mayer e Zakary Tormala avaliaram primeiro as tendências naturais de 65 participantes para pensar, seja cognitiva ou afetivamente. As pessoas tendem a descrever o mundo, com referência aos sentimentos (por exemplo, desagradável ou agradável, assustador ou reconfortante) ou em termos de pensamentos (por exemplo, inúteis ou úteis, nocivos ou benéficos), pelo que os participantes foram agrupados desta maneira, e então ele lhes deu uma mensagem persuasiva para ler sobre a doação de sangue. Esta mensagem contém exatamente os mesmos argumentos, exceto pelo fato de que, para um grupo que se usava a palavra "pensar" e para o outro, a palavra "sentir". Depois, se perguntou a cada pessoa quais as probabilidades de doarem sangue no futuro.

As pessoas que pensavam sobre o mundo em termos cognitivos foram mais persuadidas a doar sangue quando a mensagem enquadrava termos sobre "pensar". Por outro lado, o grupo que usava palavras emocionais foi mais persuadido quando se usava "sentir". Isso sugere que, se você quiser convencer alguém, então, é útil saber se é alguém voltado para os pensamentos ou os sentimentos e direcionar a sua mensagem em consequência disso. Se você ainda não sabe, a forma mais fácil de descobrir é ouvir a forma como descrevem o mundo e determinar se o fazem de forma cognitiva ou afetiva. Você pode voltar a rever a primeira parte do livro sobre os conceitos básicos de PNL para se lembrar de como fazer isso.

Por isso, trata-se menos do conteúdo e mais da aparência da mensagem. Se parece que você está se referindo mais as emoções ou os pensamentos, as pessoas que pensam nesses termos serão mais susceptíveis a serem mais persuadidas.

Independente dos motivos de origem, tendemos a ver as emoções como o primo pobre do pensamento, especialmente no contexto da persuasão. Temos a ideia de que usar um argumento emocional, ou ser influenciado por um, de alguma forma denota uma inteligência menor. No entanto, as atitudes em relação aos argumentos emocionais estão se aquecendo à medida que os psicólogos vão descobrindo o papel vital que as emoções desempenham em nosso pensamento. Portanto, em vez de ver as emoções como opostas à racionalidade, veja como componentes vitais da razão e como uma parte vital de seu arsenal de persuasão. Ao contrário de séculos de preconceito, um pensamento emocional não é necessariamente irracional e, mais adiante no livro, você vai aprender técnicas específicas para gerar e usar as emoções das pessoas para influencia-las e persuadi-las.

Vejamos agora a seguinte regra de comunicação bem-sucedida: Equilibrar os argumentos.

Equilibrar os argumentos e outros truques estranhos de persuasão

Cada argumento tem pelo menos dois lados, mesmo que, às vezes, não estamos preparados para admiti-los. No calor da batalha, muitas pessoas apresentam seu próprio lado do argumento, como se não tivesse uma alternativa, já que, quase como um instinto natural, tentamos evitar atrair a atenção para as fraquezas de nosso argumento, por medo de prejudicar o nosso próprio ponto de vista.

Com o passar dos anos, os psicólogos têm comparado argumentos unilaterais e bilaterais para ver quais são os mais persuasivos em diferentes contextos. Daniel O'Keefe, da Universidade de Illinois, reuniu os resultados de 107 estudos diferentes sobre a parcialidade e a persuasão realizados durante 50 anos, entre eles, recrutaram 20.111 participantes (O'Keefe, 1999, Communication Yearbook). O que encontrou, ao analisar diferentes tipos de mensagens persuasivas em audiências variadas, foi que os argumentos bilaterais são mais persuasivos do que os seus equivalentes unilaterais.

Quando falo de argumentos bilaterais me refiro à quando você coloca a sua posição, mas também tem a coragem de expor a posição contrária. No entanto, há uma condição para isso: quando for apresentar a opinião contrária, é vital colocar contra-argumentos. Os argumentos bilaterais, que são fracos ao refutar o ponto de vista oposto, podem ser significativamente menos persuasivos do que um argumento unilateral.

Daí é que provém o medo comum de colocar argumentos opostos. Instintivamente, acreditamos que é mais seguro apresentar apenas o nosso próprio lado da história, para não correr o risco de perder ligação com a audiência. No entanto, se apresentamos os argumentos opostos e, em seguida, os derrubamos, não só é provável que o público se deixe influenciar, mas também veremos um aumento em nossa credibilidade.

Em seu artigo, O'Keefe analisa se há exceções à regra geral de usar um argumento bilateral na persuasão e considera os três seguintes casos.

Audiência com conhecimento: Se pensava que os argumentos unilaterais eram mais eficazes se a audiência já tivesse conhecimentos prévios sobre o tema. O'Keefe não encontrou nenhuma evidência para isso. Até mesmo um público abrangente, será mais influenciável por um argumento bilateral.

Baixo nível educacional: Novamente, O'Keefe não encontrou evidência de que as pessoas com níveis educacionais mais baixos sejam mais influenciadas por uma mensagem unilateral, portanto, ainda é melhor usar argumentos bilaterais.

Mensagens publicitárias: Esta é a única exceção à regra sobre refutar os argumentos da outra parte. O'Keefe descobriu que não há diferença se os anunciantes apresentam argumentos contrários ou não. Talvez isso se deva a que sabemos que é propaganda, e ignoramos os desígnios dos anunciantes de apresentar um argumento equilibrado.

Portanto, um argumento equilibrado, não só é mais atraente moralmente, mas que também é mais persuasivo, e não importa se os contra-argumentos são introduzidos no início, no final ou combinados. Enquanto forem refutados, será mais provável que persuadiremos a audiência. Lembre-se que as pessoas não são idiotas e sabem que há, pelo menos, dois lados para cada história, por que ignoram a sua mensagem, a menos que o reconheças e o contraries.

No entanto, se por algum motivo não quiser equilibrar o seu argumento, existe um pequeno truque que você pode usar para convencer a maioria. Já mencionamos isso anteriormente. O truque tem a ver com repetição. Pesquisas têm revelado que, se apenas um membro de um grupo repete a sua opinião, é muito provável que os outros o vejam como representante de todo o grupo. Um estudo publicado no "Journal of Personality and Social Psychology" analisou exatamente esta situação para testar como as pessoas julgam a distribuição de opinião. O estudo, realizado por Kimberlee Weaver e seus colegas, descobriu que, apesar de três pessoas diferentes, expressarem a mesma opinião, o seu nível de influência é apenas ligeiramente superior em comparação a quando uma única pessoa expressa a mesma opinião, três vezes (Weaver et al., 2007).

Especificamente, o estudo concluiu que, se uma pessoa em um grupo repete a mesma opinião, três vezes, tem 90% do efeito que três pessoas diferentes nesse grupo expressando a mesma opinião. Quando você pensa, isso parece muito estranho e, para ser sincero, não tenho certeza se teria acreditado se não tivesse lido muitos outros estudos de psicologia, que apontam para as formas ilógicas e injustificadas como nossas mentes funcionam. Então, de onde vem esse efeito? Os autores argumentam que tudo se reduz à memória. Pelo fato de a repetição aumentar o acesso a uma opinião, assumimos que essa opinião tem uma alta prevalência. Na vida cotidiana, é muito comum ouvirmos a mesma opinião muitas vezes em lugares diferentes e, em seguida, reunimos tudo o que ouvimos para fazer nossos julgamentos.

O tema desta investigação é algo que tem sido conhecido e utilizado por anunciantes e influentes durante décadas, e a conclusão é que a repetição não encoraja o desprezo, mas sim, gera atração. Fazer com que ouçam a sua voz é a única forma de os outros saberem o que você pensa, caso contrário, vão pensar que você está de acordo com a pessoa que fizer mais barulho.

E para continuar falando sobre truques estranhos de persuasão, falaremos de cafeína. Um experimento mostrou que os bebedores de cafeína são mais influenciáveis. De todos os efeitos que essa droga psicoativa tem em nossas mentes (maior atenção, vigilância e cognição), talvez a menos conhecida seja a sua tendência a fazer-nos mais suscetíveis à persuasão.

Este fenômeno foi comprovado em um estudo realizado por Pearl Martin e seus colegas da Universidade de Queensland, na Austrália (Martin et al., 2005). Em seu experimento, trataram de convencer os participantes a mudar de opinião sobre o polêmico tema da eutanásia voluntária. Escolheram participantes que já haviam demonstrado ser a favor de a eutanásia voluntária ser legalizada e os pesquisadores queriam ver se conseguiam persuadi-los a pensar o contrário.

Antes de tentar mudar suas opiniões, a metade dos participantes receberam uma dose moderada de cafeína, enquanto que a outra metade tomou um placebo. Ambos os grupos estavam duplamente cegos, para que nem os participantes nem os pesquisadores que estiveram em contato com eles soubessem quem tinha tomado o quê. Em seguida, ele pediu que eles lessem seis histórias que argumentavam contra a eutanásia.

Posteriormente, quando se lhes perguntou sua opinião sobre a eutanásia voluntária, aqueles que haviam bebido cafeína foram mais influenciados pela mensagem convincente do que aqueles que tomaram o placebo. Além disso, se perguntou aos participantes sobre sua opinião sobre o aborto, o qual, segundo os pesquisadores, seria indiretamente influenciada, já que alguém que desaprova a eutanásia é também provável que desaprove o aborto. E foi exatamente o que encontraram. A mensagem persuasiva se espalhou a partir de uma ideia central para uma ideia relacionada e o efeito foi mais forte entre aqueles que tinham consumido cafeína.

Mas por que acontece isso? O que tem a cafeína que nos torna mais suscetíveis a sermos persuadidos?

A razão pela qual muitas mensagens persuasivas nos passam despercebidas é simplesmente porque, muitas vezes, não lhes prestamos muita atenção. Nossas mentes vagueiam facilmente e preferimos não pensar muito, a menos que seja inevitável. No entanto, ao aumentar a nossa excitação, a cafeína nos faz processar as mensagens recebidas mais a fundo, o que pode conduzir a uma maior capacidade de persuasão. Então tome cuidado, todo esse café não apenas lhe deixa mais nervoso, mas também lhe faz mais suscetível à influência, mesmo se só realçar a sua atenção.

Certamente você desconhecia o efeito da cafeína, mas, em geral, não é alguém fácil de persuadir, ou será que sim? Se você for como a maioria, certamente, acreditará que não. Por isso, mudarei a pergunta: você percebe quando muda sua opinião sobre algo?

Certamente não, mas é uma pergunta bastante difícil de responder, pois como você pode saber quantas vezes não se dá conta de suas mudanças?

Os psicólogos argumentaram que o funcionamento interno de nossas mentes está em grande parte escondido de nossa mente consciente e, um aspecto dessa característica, é a surpreendente descoberta de que as pessoas muitas vezes não sabem quando mudaram suas opiniões. Em certas circunstâncias, até podemos estar convencidos de que a nossa opinião nunca mudou e continuamos convencidos de que a nossa "nova" opinião, é a que sempre tivemos.

Soe isso exagerado ou não, este efeito é demonstrado dramaticamente em um experimento realizado por Goethals e Reckman (1973). Um grupo de estudantes do ensino médio foram convidados a dar sua opinião sobre uma variedade de problemas sociais, incluindo o transporte escolar. Na verdade, o tema não importava para os propósitos dos pesquisadores, mas o que eles queriam saber era uma medida das opiniões dos participantes diante de um problema específico antes de submetê-los a uma manipulação experimental.

Um par de semanas mais tarde, os mesmos alunos foram convidados a uma nova discussão sobre o tema dos ônibus e o transporte escolar. Desta vez, no entanto, foram divididos em três grupos: Um grupo com os alunos que estavam a favor de ônibus, outro grupo com os alunos que estavam contra, e um terceiro grupo de controle.

Os dois grupos com posições opostas tiveram discussões em separado sobre o tema dos ônibus, mas em cada um deles os pesquisadores tinham posto um infiltrado. O infiltrado estava armado com uma série de argumentos altamente persuasivos projetados para mudar as mentes dos participantes sobre o tema. Os pesquisadores queriam transformar o grupo em um grupo contra e vice-versa. Os infiltrados conseguiram ser extremamente persuasivos (Ou os alunos foram muito fáceis de serem persuadidos!) e os dois grupos se tornaram, com sucesso, da opinião contrária.

Este resultado é bastante surpreendente. Em comparação com um grupo controle, que não participou da discussão com um infiltrado, nenhum dos grupos manipulados experimentalmente conseguiu lembrar com precisão a sua opinião original, mas se lembravam de como sua opinião "original" parecia ter sido deformada significativamente pela manipulação experimental.

Em primeiro lugar, aqueles que, originalmente, eram contra os ônibus, lembraram de sua posição antes da manipulação, como muito mais a favor dos ônibus do que realmente eram. Ainda mais impressionante, aqueles que, originalmente, estavam a favor dos ônibus pensaram que realmente eram contra os ônibus antes do experimento, ou seja, até mesmo a lembrança de sua posição anterior, eles haviam mudado por completo.

Curiosamente, quando se lhes perguntou: que efeito teve a discussão em seus pontos de vista, todos os participantes acharam que não tinham mudado significativamente seus pontos de vista, mas a discussão só confirmou o que já pensavam.

Isso é absolutamente fantástico, mas por que isso acontece?

Provavelmente uma das principais razões por que os resultados desse experimento foram tão dramáticos é porque os participantes não tinham expectativas de que o experimento tivesse sido desenhado para mudar a sua atitude, já que o objetivo do experimento estava completamente oculto e, como resultado, quando se lhes pediu que lembrassem as suas atitudes antes da discussão, simplesmente concordaram com sua atitude atual e assumiram que sempre tinham pensado da mesma forma.

Há, é claro, situações em que as pessoas acham muito mais fácil se lembrar de suas atitudes anteriores e provavelmente são muito mais difíceis de influenciar. Por exemplo, em situações onde as atitudes são antigas e altamente emocionais, tais como a sua opinião sobre o aborto. No entanto, a maioria de nossas atitudes são muito mais mundanas e este experimento demonstra o quão fácil é mudar, sem que sequer percebamos.

Vejamos agora uma técnica de persuasão muito interessante que, embora não seja um padrão de linguagem, é muito poderosa e vale a pena a ter em seu repertório.

O efeito Benjamim Franklin

O efeito Benjamim Franklin aproveita um fenômeno bastante contrário à intuição. Em suas próprias palavras, descreve-a assim: "Aquele que tenha feito um favor a você alguma vez, estará mais disposto a fazer qualquer coisa por você, do que aquele a quem você tenha ajudado".

Este fenômeno se deve a "dissonância cognitiva", ou seja, a dificuldade que o nosso cérebro tem para ter duas ideias contraditórias. No caso do efeito Benjamim Franklin, essas duas ideias contraditórias seriam "não gosto desta pessoa" e "fiz um favor a essa pessoa", por isso, o cérebro, lutando com estas duas ideias contraditórias, defende que ajudamos as pessoas que gostamos e não fazemos favores para as pessoas que não gostamos, não é verdade?

Em sua autobiografia, Franklin discute sua aplicação deste método para lidar com a hostilidade de um legislador rival:

"Tendo ouvido que tinha em sua biblioteca um certo livro muito escasso e curioso, escrevi uma nota, expressando a ele a minha vontade de ler esse livro e pedindo-lhe que me fizesse o favor de prestá-lo por alguns dias. Ele me enviou de imediato e devolvi para ele cerca de uma semana com outra nota, expressando fortemente o agradecimento ao favor. Quando nos encontramos na Câmara, falou comigo (e nunca tinha feito isso antes) muito cortês e manifestou sua disposição em me servir em todas as ocasiões, de modo que nos tornamos grandes amigos, e a nossa amizade continuou até sua morte."

Portanto, a lição é a seguinte: Se você quiser ganhar o favor de alguém, é melhor pedir-lhe que faça algo por você (mesmo que pequeno) do que fazer algo por ele. Muitas pessoas cometemos o erro de assumir que, para agradar as pessoas, devemos fazer alguma coisa por elas, mas como você descobriu neste capítulo, as pessoas não necessariamente nos verão mais favoravelmente quando investimos tempo e esforço com eles. Não cometa o erro de assumir que o seu investimento em outra pessoa importa, porque o que mais importa é o investimento dela em você. Quanto mais ela investir em você, mais preparados estarão para lhe fazer um favor.

O próximo será o último capítulo dessa segunda parte do livro, que eu quero terminar lhe mostrando uma análise dos princípios de persuasão e técnicas psicológicas em ação. Analisaremos as técnicas de persuasão utilizadas no famoso documentário Fahrenheit 9/11. Lembro-lhe que esta segunda parte do livro tem a finalidade de preparar sua mente para que possua um quadro de trabalho sobre o qual poderá inserir os padrões de linguagem que veremos na parte 3 do livro.

Você está pronto? Então, vamos adiante.

CHAPTER 10

6 TÉCNICAS PSICOLÓGICAS DE PERSUASÃO UTILIZADAS EM FAHRENHEIT 9/11 DE MICHAEL MOORE

J á no verão de 2004, o documentarista Michael Moore, publicou "Fahrenheit 9/11", a sua visão pessoal de como George Bush usou os ataques terroristas nos Estados Unidos para criar guerras ilegais no Iraque e no Afeganistão. A resposta ao documentário foi enorme e polarizada: O público, o amava ou odiava.

Alguns o viram como uma brilhante acusação de preparação de uma guerra injusta e outros o viram como uma propaganda política esquerdista sem fundamento projetada para obter impulso no período anterior às eleições presidenciais de 2004 nos Estados Unidos.

Nesse momento, o Dr. Kelton Rhoads, um especialista em psicologia da persuasão, escreveu uma peça que detalha as técnicas psicológicas de persuasão utilizadas por Moore em Fahrenheit 9/11, e fornece uma boa visão geral das técnicas de propaganda. Se bem que, estas técnicas não estão diretamente relacionadas com os padrões de linguagem, são bem interessantes de se conhecer e eu tenho certeza de que você verá o potencial de utilizá-las em suas mensagens persuasivas.

Este é um bom momento para fazer uma declaração de Isenção de responsabilidade em relação a este capítulo: Pessoalmente, eu não faço nenhum julgamento político sobre o filme de Moore e se analisa aqui simplesmente como um interessante estudo das técnicas de persuasão, o que também pode ser utilizado facilmente para apoiar precisamente o caso oposto.

Técnica 1: Omissões

Você recorda dos filtros de linguagem que vimos no meta-modelo, na primeira parte do livro? Excelente, já sabe como combater essa técnica usando perguntas.

Esta é uma das técnicas mais óbvias de qualquer propaganda: Não apresentar toda a verdade. Como aponta o Dr. Rhoads: "O que dá às omissões seu poder é que, muitas vezes, o público não as reconhece como ausentes". Ao omitir informação importante, as pessoas podem tirar conclusões precipitadas sobre a evidência que se apresenta. O propagandista, em nenhum momento, falhou em dizer a verdade, simplesmente falhou em dizer "toda" a verdade.

Exemplo: Uma das maiores omissões no documentário é a falta de imagens dos aviões sequestrados por terroristas que atingem as torres gêmeas. Mostrar isso teria provocado a ira do espectador. Em contrapartida, Moore mostra as sequelas, o que provoca a emoção de dor.

Técnica 2: Contextualização

Moore está interessado em justaposição e usa um efeito que os psicólogos chamam de "ativação estrutural". Em poucas palavras, se você se sente triste em um determinado momento, isso tende definir como você interpreta o que quer que seja que aconteça em seguida. Em propaganda, a emoção de uma cena é usada para definir como você interpreta o conteúdo da próxima cena. Posteriormente, veremos padrões de linguagem que causam o mesmo efeito.

Exemplo: A contextualização, muitas vezes faz com que Bush pareça bobo. Na primeira cena, vemos a enorme tristeza e sofrimento das testemunhas do atentado do 9/11. Na cena seguinte vemos a Bush "feliz, sorridente e confiante". Como poderia estar sorrindo em um momento como este? A resposta é, naturalmente, que o filme foi editado, desta forma, para fazê-lo parecer tolo.

Técnica 3: Manipulações de grupos

Isto se reduz a preferir "pessoas como nós" em vez de "pessoas que não são como nós".

Exemplo: Os sauditas são apresentados ao longo do filme, como parte do "grupo" que está com Bush. Moore mostra reiteradamente que Bush está perto da família Bin Laden por associação. Em seguida, mostra que a família Bin Laden está perto de Osama Bin Laden, novamente, pela associação. Se estas parcerias foram realmente verídicas, é um ponto de discussão, mas o que temos que notar é que a única conexão que é mostrada no documentário é a associação. Pense nisto: Se um policial tende a estar perto de criminosos, isso o torna criminoso? Essa é a associação.

Técnica 4: Cinismo

Os seres humanos tendemos a atribuir motivações egoístas às outras pessoas e motivações altruístas ao seu próprio comportamento. Em geral, tendemos a ser cínicos sobre a razão por que outras pessoas fazem o que fazem e é fácil fazer com que as pessoas suspeitem das motivações de alguém simplesmente questionando-as.

Exemplo: Bush age por seu próprio interesse e não para os interesses dos EUA, Bush é mostrado sentado lendo "My Pet Goat" para as crianças da escola durante sete minutos depois que o agente do serviço secreto lhe sussurrou ao ouvido a notícia do ataque terrorista. A suposição cínica é que Bush possivelmente estava confuso, ou que não se importou, ou não soube o que fazer, etc. No entanto, sabe-se que qualquer movimento presidencial está totalmente controlado pelo serviço secreto por razões de segurança, o que também cabe a possibilidade de que o agente lhe dissesse que, ficasse parado enquanto obtinham mais informações sobre o melhor lugar para ir.

Técnica 5: Modelagem

As pessoas copiam o tempo todo, é a natureza humana. É a nossa necessidade de afiliação em ação. Se você está no meio da rua e olha fixamente para o nada, em pouco tempo você reúne uma pequena multidão de pessoas que se esforçam por ver o objeto de sua fascinação. Se você pode imaginar esta situação, em termos políticos, então, pode observar um efeito semelhante. Se as pessoas observam a outra pessoa a mudar seu ponto de vista sobre algo, isso vai influencia-las da mesma maneira.

Exemplo: no documentário, aparece uma mãe que chora a perda de seu filho no Iraque e parece completar um giro de 180° no decorrer do filme sobre sua posição política, partindo de apoiar Bush até se opor a ele. Desde apoiar a guerra no Iraque, até se opor a ela. O Dr. Rhoads descobriu evidência de que não houve mudança na posição desta mãe e tudo foi feito para tornar mais convincente a mensagem que o diretor do documentário queria transmitir. De fato, ela sempre esteve contra Bush.

Técnica 6: Enganos numéricos

As pessoas gostam de estatísticas, soam bem. Os psicólogos descobriram que as pessoas são felizes de acreditar nos números e não se incomodam em conferir sua veracidade. Isso soa perfeito para o propagandista, não é?

Exemplo: Bush esteve de férias, 42% do tempo durante seus primeiros 229 dias no cargo. Estas estatísticas referem-se ao tempo em que Bush não passou em Washington, e as implicações disso são que, se não está em Washington, então ele não está trabalhando e, portanto, está de férias. Obviamente, esse raciocínio é incorreto. Estou sentado em casa, enquanto escrevo isso, então, como é que eu posso estar trabalhando? Esta discussão é fácil, mas vários dos argumentos de Moore giram em torno deste ponto fundamental.

O Dr. Rhoads termina seu artigo dizendo:

"...O Fahrenheit 9/11 é um documentário ou é propaganda? Chame do que quiser. Da minha parte, eu vejo um uso consistente, eficaz e inteligente de uma variedade de táticas de propaganda estabelecidas. Se apenas tivessem usado algumas destas táticas, ou se a tentativa de enganar não fosse tão evidente, poderiam me enganar... mas me sinto seguro ao aplicar a regra: Se voa, anda, nada e grasna como um pato, então é um pato."

Para ver o trabalho completo de Kelton Rhoads (em inglês) você pode baixá-lo a partir de seu site, neste link: http://www.workingpsychology.com/ download_folder/Propaganda_And_Fahrenheit.pdf

Muito bem, espero que agora a sua mente esteja pronta

para receber o que, na minha opinião, são as peças de informação que produzirão o maior impacto em sua habilidade de persuasão: Os padrões de linguagem. Isso é exatamente o que veremos no próximo capítulo. Eu lembro novamente que, se você quiser, pode ir diretamente ao padrão que lhe interessa, mas eu recomendo que você leia na ordem apresentada para tirar o máximo proveito.

PART III
PADRÕES DE LINGUAGEM

"Sabemos que as palavras não podem mover montanhas, mas podem mover multidões. As palavras dão forma ao pensamento, estimulam o sentimento, e geram a ação. As palavras matam e revivem, corrompem e curam. Os 'homens de palavras' têm desempenhado um papel mais decisivo na história do que os líderes militares, políticos e homens de negócios". - Eric Hoffer, The Ordeal of Change, 1976

As regras que governam nossas vidas. Algumas destas regras são explícitas, impostas pelos governos: "Respeite os limites de velocidade", "Não estacione", "Pague seus impostos", mas a maioria são normas culturais informais não faladas, como as regras de cortesia, regras de comportamento no mundo dos negócios ou as regras de interação entre as pessoas. A maioria destas regras são as tradições comumente aceitas que se acumularam ao longo do tempo e criaram hábitos tão comuns, que sequer somos conscientes deles.

Infelizmente, nem todas estas convenções subconscientes e hábitos involuntários são positivos ou produtivos. A comunicação está cheia de maus hábitos e tendências inúteis que podem causar sérios danos às ideias que tentamos promover. Assim como em qualquer outro campo, existem regras para uma comunicação boa e eficaz. Pode ser que não sejam tão rígidas e absolutas, como as regras contra o excesso de velocidade, mas são igualmente importantes se você deseja transmitir de forma segura a sua mensagem.

De acordo com o brilhante escritor Aaron Sorkin, "As palavras certas têm exatamente as mesmas propriedades que a boa música. Têm ritmo, tom e timbre" e, nesse sentido, os padrões de linguagem que agora você vai aprender darão a sua linguagem, as propriedades da boa música. Quando você começar a usar se acostumará a ver as cabeças das pessoas, inclinando-se, ao dizer palavras e frases que lhes queimarão a mente e as levarão à ação.

Antes de continuar, deixe-me dar alguns avisos. Aqui você não encontrará palavras belas, atemporais ou profundas em algum sentido abstrato e filosófico, mas verá as mesmas palavras que usamos em nossa vida cotidiana, dispostas de tal forma, que geram resultados práticos. Nosso objetivo será o de usar uma linguagem simples e sem adornos.

Sem dúvida, há um tempo e um lugar adequado para a linguagem literária de alto voo, mas para chamar a atenção de um ouvinte, a linguagem não precisa ser a de um erudito. Não é necessário possuir o tom edificante e nobre dos discursos de John F. Kennedy. A maioria de nós não somos grandes oradores tentando falar às grandes massas, mas somos funcionários falando aos nossos chefes, empresários falando aos nossos trabalhadores e pais falando aos nossos filhos.

Antes de mergulhar de cabeça nos padrões de linguagem, vamos falar sobre um mito bastante massificado que só trouxe confusão para a arena da persuasão, pois não quero que cometa este erro. Pense no seguinte: quando tentamos convencer alguém devemos falar rápido ou devagar?

Ao falar rápido, mostramos confiança e compreensão do tema, pelo que somos mais persuasivos? Ou será que ao falar rápido, somos menos persuasivos, porque toda a informação chega rápido demais para ser processada?

Quando os psicólogos começaram a procurar pela primeira vez o efeito da velocidade de fala na persuasão, pensaram que a resposta era muito clara. Em 1976, Norman Miller e seus colegas tentaram convencer os participantes de que a cafeína era ruim para eles (Miller et al., 1976). Os resultados do estudo sugeriram que as pessoas eram mais persuadidas quando a mensagem era entregue em 195 palavras por minuto, em vez de 102 palavras por minuto.

Com 195 palavras por minuto, um pouco mais rápido do que as pessoas falam em uma conversa normal, a mensagem se tornou mais crível para aqueles que a escutavam, e, portanto, era mais persuasiva. Falar rápido, parecia indicar confiança, inteligência, objetividade e um conhecimento superior. Pelo contrário, ao limite inferior normal de uma conversa normal, com cerca de 100 palavras por minuto, se associou com todos os atributos inversos.

Estes resultados, juntamente com um par de outros estudos, levaram alguns pesquisadores a pensar que falar rápido era o potencial da "varinha mágica" da persuasão. No entanto, na década de 1980, outros pesquisadores começaram a se perguntar se estes resultados realmente estavam corretos. Foram realizados vários estudos que indicavam que falar com maior rapidez parecia aumentar a credibilidade, embora nem sempre aumentasse a persuasão. Na década de 1990, surgiu uma relação mais matizada entre a velocidade da fala e da persuasão. Stephen Smith e David Shaffer, trataram de convencer um grupo de estudantes universitários de que a idade legal para beber deveria ser mantida em 21 anos (Smith e Shaffer, 1991) e a outro grupo que a idade deveria ser menos de 21. Para o estudo foram utilizadas frequências de voz rápidas, lentas e médias, e desta vez surgiu algo revelador.

Quando a mensagem era contrária à atitude (a maioria dos estudantes universitários não gostam da ideia de não poder beber legalmente nos bares), a fala rápida foi mais persuasiva e a fala lenta a menos persuasiva. Por outro lado, quando a mensagem coincidia com as ideias que os estudantes já tinham, a fala lenta, emergia como a mais persuasiva.

A pergunta foi: por que se reverte o efeito quando a audiência é hostil à mensagem?

Isso é o que parece acontecer: quando o público começa a ouvir uma mensagem que não gosta e a mensagem é transmitida lentamente, têm tempo para pensar e propor contra-argumentos, o que produz uma menor capacidade de persuasão. No entanto, quando o discurso é mais rápido, há menos tempo para propor esses contra-argumentos, o que há de mais persuasão.

Funciona ao contrário, quando o público gosta de mensagem. Quando a mensagem chega muito rápido, não há tempo para rever e estar mais de acordo. Mas, quando a mensagem é transmitida lentamente, há tempo suficiente para avaliar os argumentos e se colocar de acordo.

Portanto, parece que devemos temer os faladores rápidos, se estão nos entregando uma mensagem com a qual, não estamos de acordo. Neste caso, o ritmo rápido é uma distração, e pode ser difícil distinguir os defeitos do argumento. Da mesma forma, quando você enfrentar uma plateia ansiosa por chegar a um acordo, seria bom reduzir a velocidade e dar tempo ao público, para que aceite um pouco mais.

Com isso em mente, vamos começar.

CHAPTER 11
RAZÕES E SUGESTÕES

O que te contarei a seguir é a peculiar descoberta realizada pela psicóloga da Universidade de Harvard, Ellen Langer. O famoso estudo de Langer começou quando havia uma fila de pessoas esperando para usar uma fotocopiadora. Em seguida, ela tentou furar a fila e, sem ser rude, perguntou educadamente "Desculpe-me, eu tenho cinco páginas. Posso usar a máquina?" Uma e outra vez provou isso e descobriu que 60% das pessoas que lhe permitia passar na frente.

Então Langer tornou-se mais específica. "Desculpe-me, eu tenho cinco páginas, posso usar a máquina, porque tenho pressa?" Quando deu uma razão, "porque eu tenho pressa", a taxa de aceitação disparou para 94%. No entanto, o que é surpreendente não acaba por aí. A surpresa vem com a terceira pergunta: "Desculpe-me, eu tenho cinco páginas, posso usar a máquina, porque eu tenho que fazer algumas cópias?" A taxa de cumprimento se manteve quase igual, em 93%, embora sem apresentar a razão. Deste modo, Langer foi capaz de ultrapassar a linha simplesmente usando a palavra "porque".

Por que isso acontece?

Quando somos crianças, deixamos os adultos loucos com o jogo do "Por quê?". Sem importar o que fosse, sempre queríamos saber o porquê. Todas as crianças passam por esta fase natural do desenvolvimento do cérebro. Este é o momento em que o hemisfério esquerdo do cérebro está se conectando e o conceito de causa e efeito começa a se formar. A partir desse momento, o nosso cérebro quer sentir que conhece a causa de cada efeito que observa. No entanto, aqui há um dado importante: o cérebro só quer sentir que conhece a causa, ainda que, na realidade, não a entenda.

Por exemplo, se você perguntar a dez pessoas, por que não podem voar, provavelmente respondem "porque existe a gravidade", e estariam satisfeitos com essa resposta. Certamente não entender os fenômenos físicos que causam a força da gravidade, mas mencionar a palavra "porque" e "gravidade" satisfaz a necessidade de causalidade de nossos cérebros.

De todos os modos, embora "porque" seja uma palavra poderosa, não elimina por completo a necessidade de uma razão lógica real. Depois de tudo, da pesquisa de Langer mostrou uma pequena queda, quando se eliminou o motivo, mas o truque está em reconhecer o seguinte: à medida que o alvo aumenta em complexidade ou esforço, a razão para fazê-lo (o "porque") também deve ser aumentada. Esta é a razão pela qual "porque" tem um efeito quase mágico nas decisões rápidas e de pouca importância. Se quiser que alguém tire o lixo, doe um dólar para obras de caridade, ou lhe permita usar a copiadora primeiro, então a palavra "porque" é bastante eficaz. No entanto, para que tenha influência sobre algo mais significativo, como o nível de motivação de um empregado, deve ser acompanhado com uma verdadeira razão que satisfaça o desejo de uma boa resposta ao incessante "Por quê?".

De acordo com a famosa hierarquia de necessidades de Abraham Maslow, há cinco tipos de necessidades que todos os seres humanos se esforçam por satisfazer. Essas cinco necessidades são a causa de cada ação que tomamos. Se você espera motivar alguém para fazer qualquer tipo de ação significativa, então lhe dar um "porque" seguido por uma das cinco necessidades de Maslow, criará um turbilhão motivacional que será difícil de ser ignorado.

Os modelos modernos tentaram atualizar a lista original de Maslow, e alguns têm até dez níveis com títulos e explicações confusas, mas, embora concorde que a pirâmide de Maslow não é perfeita, sua força e utilidade está em sua simplicidade. Os cinco níveis de necessidades que cada ser humano deseja satisfazer, são os seguintes (nesta ordem): necessidades básicas, segurança, social, autoestima e realização pessoal. Em seguida, vamos ver cada uma das necessidades da escala de Maslow, e as traduziremos para conseguir os seis motivadores básicos para os seres humanos: "Eu preciso", "eu tenho que", "eu quero", "eu escolho", "eu amo" e "é um chamado".

Para entender esses seis motivadores, imagine que um dia, bem cedo pela manhã, você está na rua e começa a perguntar para as pessoas com que se encontra a razão porque vão trabalhar. É cedo, faz frio, e todos seguem apressados com suas malas em uma mão e seus casacos na outra. Você se aproxima de um senhor, faz a pergunta e ele lhe responde:

"Hum, porque tenho contas a pagar, homem! Eu preciso comer, como todo mundo. Acredite em mim, se pudesse, agora mesmo eu preferiria estar em outro lugar".

Ele lhe parece estar motivado? Para este senhor, o

trabalho é uma "necessidade". Na verdade, precisa mostrar-se motivado. Infelizmente, uma vez que chegar ao seu trabalho, isso é tudo o que ele terá. Você já reparou alguma "necessidade" no local de trabalho? As pessoas chegam, olham para o relógio, realizar alguns movimentos, tentam ser o mais invisíveis possível, enquanto estão lá, param para tomar café ou fumar e depois vão embora o mais cedo possível. Geralmente, são pessoas negativas, que precisam desesperadamente de café para "sobreviver" a semana de trabalho. Então, essa é uma pessoa realmente motivada? Claro que não.

Perguntaremos a mais alguém. Você se aproxima de outro senhor, ele lhe responde:

"Não tenho outra opção. Eu tenho uma família. Eu tenho que pagar por um lar. Eu tenho que pagar o seguro de saúde. Tenho que me certificar de que tenham o que precisam. Se me desculpa, eu tenho que ir. Vou chegar tarde."

Este senhor, ele funciona através do "tenho que fazer". Certamente é um pouco mais motivado do que o tipo anterior. Afinal, este senhor é um provedor. Ele tem outras pessoas para cuidar, mas uma vez que tenha suas quarenta horas semanais de trabalho, a motivação acaba. Não há necessidade de ir além para cumprir com o dever.

Com certeza tem que ter um nível de motivação mais profunda do que simplesmente dinheiro. Você pergunta a outra pessoa e isso é o que ela lhe responde:

"Oh, querido, a maioria das pessoas podem odiar seus trabalhos, mas eu gosto. Eu realmente quero ir trabalhar. Eu gosto das pessoas com as quais trabalho e, definitivamente, é melhor do que estar todo o dia sentada no sofá da minha casa."

O que você achou dessa resposta? Claramente esta mulher vai trabalhar "porque quer". Será que isso significa que está motivada? Sim, um pouco mais que os dois últimos, isso é certo. Ela não vê o trabalho como um "mal necessário" e, provavelmente, seja a pessoa mais positiva e alegre nesse lugar. No entanto, se alguma vez você já tem conhecido alguém que "quer" estar no seu local de trabalho, então você saberá que existem também algumas desvantagens. Como estas pessoas estão tão motivadas pelo aspecto social, é possível que passem muito do seu tempo socializando. São os primeiros a saber de todas as fofocas do escritório, e provável passem as horas, resolvendo assuntos pessoais.

Bom, vamos perguntar para outra pessoa. Isso é o que responde:

"Acabaram de me chamar. Pensei que teria o dia livre, mas nesta época há muita atividade. Sempre sou o primeiro que chamam, porque sabem que vou dizer que sim, mas não me incomoda, porque este tipo de coisa será positivo quando minha liderança fizer a minha avaliação anual de desempenho."

Diremos que esta pessoa "escolhe" trabalhar e está mais motivado do que qualquer outra pessoa com a qual temos falado até agora. De fato, ultrapassou a linha entre "fazer o mínimo" e "ir mais além do dever". Esta é uma pessoa que deseja subir a escada corporativa e alcançar o sucesso em sua área. No entanto, a sua motivação é frequentemente egocêntrica. É difícil esta pessoa ser um membro de uma equipe e pode até mesmo sabotar outros colegas para seu próprio benefício pessoal.

Estas são as respostas mais comuns que você obtém quando perguntar às pessoas: "Por que trabalham?" A triste realidade é que a maioria das pessoas odeiam seus trabalhos. Os restantes níveis de motivação são chamados de "eu amo" e "é um chamado". A uma pessoa "eu amo" vai ser difícil de diferenciar o trabalho do lazer. Uma pessoa que se sente "chamada" para o seu trabalho tem uma motivação ainda mais profunda. Esta pessoa diz: "eu faço o que faço porque há um cliente a quem sirvo, ou há um propósito maior do que eu". Esta pessoa está extremamente motivada e completamente satisfeita com o seu trabalho.

Os "eu amo" e "é um chamado" não só são motivados pela sobrevivência, como os "eu preciso" e os "eu tenho que". Não só são motivados por punições e recompensas, como os "eu quero" e "eu escolho". Sua motivação é intrínseca. Vem de dentro.

Então, se sua esperança é motivar ou inspirar alguém, a primeira coisa que você deve fazer é identificar um "porque" para que seu cérebro se sinta bem. No entanto, não se incomode em lhe perguntar diretamente: "O que te motiva?", já que, provavelmente, te responderão "Mais dinheiro!". Uma pergunta mais produtiva seria: "Por que você escolheu esta carreira?" Ou "Por que você escolheu esta empresa?" Nas respostas a estas perguntas, você encontrará o que realmente impulsiona e uma vez que tenha essa informação, tudo o que você precisa fazer é pressionar os botões emocionais para sugerir o que quer que pensem.

Voltemos a ler as últimas palavras do parágrafo anterior: "sugerir o que quer que pensem". A chave está em sugerir. Seth Godin disse: "As pessoas não creem no que dizem, raramente acreditam no que lhes é apresentado, apenas, às vezes, acreditam no que seus amigos dizem, mas sempre acreditam no que dizem a si mesmas."

Deixe-me mostrar-lhe um truque simples que você pode fazer com palavras e você verá o poder das "sugestões". Isto é o que se conhece como sugestões avançadas. Leia e siga estas instruções:

"Neste momento, quero que pense em uma forma geométrica simples, como um quadrado ou no que quer que seja. Pensou? Muito bom. Agora, pense em outra figura. Agora você deve ter pensado em formas geométricas simples."

Se você é como a maioria das pessoas, você pensou em um círculo e um triângulo. Eu Previ o futuro? Claro que não, mas os segredos por trás dessa pequena ilusão são bastante reveladores. A primeira parte do segredo aponta para a tendência do cérebro para tomar atalhos. O cérebro não quer trabalhar mais do que o necessário. O círculo e o triângulo vêm primeiro à mente porque são as respostas mais simples. Então, ao usar as palavras "neste momento", criamos uma sensação de urgência, quase apressando a escolha. Isso lhe dá uma percepção de tempo limite, o que faz com que seu cérebro confie ainda mais nos atalhos.

A palavra "simples" é um termo relativo, que elimina uma grande quantidade de opções possíveis. Obviamente, foram removidas opções como "eneágono", "dodecágono" e "losango". Mas mesmo as opções relativamente comuns, como "losango", "pentágono" e "octógono" não são escolhidas, já que existem outras formas mais simples.

Uma parte muito importante neste exemplo é a frase "como um quadrado". Ao sugerir um "quadrado", praticamente eu eliminei a possibilidade de escolha de um quadrado. As pessoas não querem ser previsíveis e esta pequena ilusão aproveita ao máximo essa característica. "Quadrado" foi a minha ideia, não a sua ideia, então, a rejeita e pensa na "sua própria" ideia, que, claro, é o que eu sempre quis que pensasse.

Aqui está o ponto principal: para influenciar alguém, primeiro você tem que fazê-la acreditar que está usando sua própria forma de pensar. A verdadeira persuasão não se trata de forçar ou pregar peças nas pessoas. Mais sim, liderá-los.

Como você se sente quando alguém está lhe pressionando para fazer algo?

Quando nos pressionam, nós tendemos a aumentar as nossas defesas e a nossa resistência. E quando essa resistência está presente, o "porque" perde um pouco do seu poder. Até mesmo adicionar uma razão muito convincente, chega a um ponto em que a outra pessoa recusa, sem importar o que digamos.

A ideia por trás das sugestões avançadas é fazer com que a pessoa diga para si mesma o seu "porque". Em vez de dar a alguém mil razões para fazer algo, tente perguntar: "Por quê?" Quando você fizer isso, terá o próprio "porque" dela e a partir desse momento, se tratará das razões dela e não das suas, portanto, essas razões terão mais influência nas decisões e comportamento futuros.

Por exemplo, imagine o que ocorrerá nos seguintes casos:

Os pais perguntam aos seus filhos: "Por que é importante tratar as outras pessoas com respeito?"

O presidente de um clube pergunta a seus membros: "Por que pensam que temos um requisito de assistência nesta organização?"

Um vendedor de carros pergunta ao cliente: "Por que você está vendo este Porsche hoje?"

Usar o "Por quê?" desta forma obriga o ouvinte a participar ativamente nas razões que seguem. As pessoas sempre têm mais chances de tomar uma ação se acreditam que foi sua ideia. Tendemos a diminuir as ideias de outras pessoas e a inflar as nossas.

Então, para recapitular, a palavra "porque" é poderosa porque satisfaz a necessidade do cérebro de uma ligação entre causa e efeito. Um "porque" nem sempre precisa de um motivo lógico ou convincente para ser eficaz, a menos que você deseje motivar alguém para fazer tarefas mais importantes e complexas. Os seis motivadores básicos são "eu preciso", "eu tenho que", "eu quero", "eu escolho", "eu amo" e "é um chamado". E, por último, as razões mais convincentes são as que você acredita.

Agora, seguirei meu próprio conselho. Por que você acha que às vezes é melhor perguntar "por quê?" em vez de dizer "porque"?

CHAPTER 12
SUPERANDO A RESISTÊNCIA PSICOLÓGICA DAS PESSOAS

Você quer convencer seu parceiro, seus filhos, seu chefe, seus funcionários, seus clientes, etc., mas há um único problema: Ninguém quer ser influenciado ou persuadido. Todos sentimos um impulso irreprimível por exercer o livre arbítrio em nossas escolhas e nossas ações, então temos adotado uma série de técnicas de resistência psicológica para defender os poderes de persuasão. E estamos bem treinados. Resistimos milhares de e-mails promocionais todos os dias e, se não soubesse dizer que não, você estaria falido em poucos dias.

Em um surpreendente estudo realizado por Matthew T. Crawford, Allen R. McConnell, AR Lewis e Steven J. Sherman, os participantes estavam em diante de duas equipes de futebol similares, e deviam apostar em uma. Quando outro participante (na verdade, um dos pesquisadores) disse: "Definitivamente, você tem que escolher o "time X", os participantes procederam a escolher o time oposto em 76,5% das vezes. Esse é o poder da psicologia reversa em ação.

Em seu livro "Resistance and Persuasion", Eric Beyoncé e Jay Linn identificam quatro barreiras de resistência psicológica que se opõem à persuasão, e, como resultado, a palavra "se" pode ajudar a quebrar magicamente cada uma delas. Para exemplificar as quatro barreiras de resistência, vejamos isso com um exemplo.

Digamos que alguém está tentando lhe vender um seguro de vida. Tecnicamente, esta apólice de seguro de vida é o melhor para você, mas as quatro faces da resistência ameaçam impedir que tome uma boa decisão.

Neste exemplo, o vendedor sabe que o seguro de vida é perfeito para você, no entanto, não sabe que você é um cliente difícil. O vendedor diz: "Já considerou comprar um seguro de vida? Eu acho que a apólice X seria perfeita para você".

Bem, neste caso, o vendedor lhe abordou com o que se conhece como "venda dura", e quando isso acontece, aparece a primeira barreira de resistência e você responde: "Não tente me vender um seguro de vida que eu não preciso!"

Você se sente pressionado. Você identifica que querem lhe vender alguma coisa e eleva suas defesas para escapar da situação. Isto é chamado de barreira da "reatividade". Você sente que você está sendo pressionado, assim começa a recuar, e uma vez que você está no modo de pensar, não importa a abordagem que o vendedor faça, não lhe convencerá. Fim do jogo.

Se o vendedor tivesse tentado usar a palavra "se" para criar uma situação hipotética, não ameaçadora, as coisas poderiam ter sido muito diferentes. Ele poderia ter dito:

"Se uma pessoa viesse a mim na mesma situação, eu recomendaria a apólice X".

Parece inofensivo, certo?

O vendedor não está recomendando nada diretamente. É para outra pessoa imaginária. A palavra "se" abre uma

brecha na resistência, que, caso contrário, a barreira da "reatividade" teria rejeitado de imediato qualquer aproximação.
Infelizmente para você, sua resistência continua a não lhe
permitir ver a grande oportunidade que você tem a sua
frente e aqui aparece a próxima barreira da resistência: a
"desconfiança". Isso é o que você diz:

"Bem, você diz isso só porque ganharia uma grande
comissão! Todos os vendedores só querem enganar as
pessoas."

Isso é certamente compreensível. Existem diversos
vendedores que têm motivos ocultos, mas, embora não
conheça os números exatos, sei também que não são todos
golpistas. Existe a possibilidade de que este vendedor em
particular só tente ser útil.

A barreira da desconfiança tende a aparecer em termos
absolutos e "todos os vendedores só querem enganar as
pessoas" é um exemplo perfeito deste tipo de generalização.
Felizmente, a palavra "sim" afasta as pessoas do perigoso
território dos absolutos e retorna para um ponto de vista
mais realista. É assim que o vendedor honesto de nosso
exemplo, pode usar o "sim" para ajudá-lo a superar sua
desconfiança:

"Sim, definitivamente é certo que alguns vendedores
querem enganar. Eu mesmo já os vi. Mas, embora tivesse
uma cura real para o câncer, para falar para as pessoas,
teríamos que 'vender' a ideia. Isso significa que estamos
tentando enganar? É claro que não. Agora, sejamos hones-
tos, a apólice X não é uma cura para o câncer, mas o que
acontece se for a cura para o seu problema de seguro de
vida?

Com este movimento hábil de nosso vendedor, ele lhe
ajudou a superar a fase da desconfiança, mas você ainda não
acabou de lutar.

"Talvez, mas eu não tenho certeza do preço." (Ou qualquer outra objeção que possa ter).

Aqui aparece a terceira barreira da resistência: o "escrutínio". Este é o momento quando, durante o processo de tomada de decisão pesamos todos os prós e contras um pouco mais profundamente e com mais atenção. Ao discutir os detalhes da apólice X com o vendedor honesto, vemos os seus pontos fortes, mas também saem à luz as suas fraquezas. São essas fraquezas que podem criar essa barreira psicológica. O escrutínio tem uma possibilidade legítima de arruinar esta negociação e evitar que aproveite esta oportunidade. Felizmente, o nosso vendedor honesto, novamente, está equipado com a palavra "se".

"Se eu pudesse lhe mostrar uma forma de obter os benefícios da política X a um preço extremamente acessível, você o faria?"

Essa linha em particular é tão eficaz que até mesmo os comerciantes desonestos têm sucesso ao usá-la. Se você concordar com isso, então você está muito comprometido. Se você diz que não agora, só vai em desacordo consigo mesmo. Mais uma vez, esta é uma oração para a qual é mais fácil dizer que sim, é apenas hipotética e continua ausente o grande peso da realidade.

Neste ponto, já se passaram três das barreiras de resistência. Para o nosso vendedor honesto, é uma simples questão de expor os fatos e permitir que tome a melhor decisão. No entanto, apesar de que agora ambos estão essencialmente de acordo com a apólice X, ainda tem uma barreira de resistência por superar. Se o nosso vendedor honesto, não te ajudar a superar essa barreira para comprar uma apólice de seguro superior a um preço superior, terá falhado e você vai ser obrigado a se conformar com a segunda melhor oferta.

Esta é a barreira de resistência que Knowles e Linn chamam de "Inércia". O mais difícil para um ser humano não é escalar o Monte Everest. Não é criar uma criança. Não é criar uma obra de arte. Os psicólogos dizem que o mais difícil para um ser humano é mudar seus padrões de comportamento. Nós odiamos a mudança. A inércia é a diferença entre dizer que faremos algo e fazê-lo realmente. Neste caso, você pode estar convencido de que lhe convém comprar essa apólice de seguro, diz que o fará... mas não agora. Você precisa de uns dias para pensar, e finalmente terminará sem contratar esta nova apólice mais conveniente, porque não gosta de mudança.

Novamente nosso vendedor honesto lhe salvará da procrastinação e construirá uma ponte através do abismo da inércia usando a palavra "se". Ele diz:

"Podem acontecer muitas coisas em uma semana. O que acontecerá à sua família se, que Deus não o permita, acontecer algo entre agora e a próxima semana? Como você se sentiria em relação à sua decisão de adiar isso?

Agora você está experimentando o que os psicólogos chamam de "antecipação de arrependimento". No estudo de Crawford, McConnell, Lewis e Sherman mencionado anteriormente, adicionaram uma condição de arrependimento antecipado. Agora, se o investigador disfarçado apenas dissesse: "Definitivamente, você tem que escolher o "time X", também adicionaram frases como "Porque você vai se arrepender se você não os escolher e ganharem" ou "Como você vai se sentir, se não os escolher e acabarem ganhando?"

A antecipação do arrependimento teve um efeito dramático sobre as decisões dos participantes. Antes, o 76,5% dos participantes NÃO elegiam o time recomendado, mas com a antecipação do arrependimento, os participantes mudaram por completo seu comportamento e elegeram o time recomendado, mais de 73% das vezes. Parece que a resistência quase desapareceu e o uso habilidoso da palavra "se" tende a produzir esse efeito.

Vejamos agora outra aplicação do uso do "se".

Como usar o poder do "se" com os murmuradores

Você conhece esse tipo de pessoas. São aqueles para quem nada é bom o suficiente. Tudo é miserável e sentem que é seu dever informar o quão ruins as coisas são. É muito comum estar rodeado de negatividade no local de trabalho, e chegou o momento de usar a palavra "se" para pôr fim a isso.

Estes são os cinco passos para lidar com um murmurador crônico:

Passo 1: Verifique toda a negatividade e determine quais são as principais preocupações dele. Não se envergonhe de tirar um caderno e começar a fazer uma lista de seus problemas, enquanto se queixam, apenas "para se certificar de que está tudo bem".

Passo 2: Repita a lista em voz alta, para confirmar que você está certo.

Passo 3: Converta-a rapidamente em otimistas e solicitas sugestões de soluções em vez de problemas.

Passo 4: Forneça um plano de ação.

Passo 5: Termine o assunto. Os murmuradores não sabem como terminar uma conversa e, de fato, não percebem todos os sinais sociais que costumam receber, quando se queixam. Você deve pará-lo. Seja firme e claro se for necessário.

Na teoria, tudo isso soa muito bem, mas em algum momento no passo 3 (quando você pede soluções) seu murmurador crônico dirá: "Não sei como resolver isso. É por isso que recorri a você!". É aqui onde você vai usar o poder do "se". Teste este guia:

"Se você tivesse uma varinha mágica e pudesse fazer com que acontecesse qualquer coisa no mundo, como seria sua vida sem esse problema?"

As pessoas normalmente não podem ver as soluções porque ficam paralisadas no como. Você não pode saber "como" implementar uma solução até que realmente saiba qual é essa solução. Você tem que ajudá-lo a se concentrar no "o que", e para isso utilize a palavra "se".

A frase "Se você tivesse uma varinha mágica" envia a mensagem "Por agora, esqueça o 'como' e pense 'no que' queremos".

Por que é tão importante fazer com que imaginem um resultado bem-sucedido? Porque no momento em que o imaginar e o explicar, é mais provável que realmente aconteça. Isto pode parecer estúpido ou demasiado simplista, mas nunca subestime a capacidade da mente humana para afetar os resultados. Uma pesquisa realizada por SJ Sherman, RB Skov, EF Hervitz e CB Stock na Universidade de Indiana, descobriu que quando as pessoas descrevem um resultado hipotético de maneira positiva, não só aumentam suas expectativas de sucesso, mas que também melhoram o seu desempenho real. Então, a chave é o elemento hipotético, e a palavra "se" os leva lá.

Vejamos, agora, uma variação do padrão para usar o item hipotético.

Uso do elemento hipotético

Uma das razões mais comuns que ouço de pessoas que não podem apresentar as suas ideias, é o fato de que eles têm medo da rejeição que poderiam receber. É por isso que agora, veremos um conjunto de palavras que você pode usar para apresentar algo a quase qualquer pessoa, em qualquer momento e completamente livre de rejeição. O padrão é o seguinte:

"Não tenho certeza se isso é para você, mas..."

Tomemos um momento para entender como funciona essa estrutura simples.

Ao começar uma frase com as palavras "Não tenho certeza se isto é para você, mas...", você está fazendo com que a mente subconsciente do ouvinte lhe ouça e você está dizendo "Aqui não há pressão". Ao sugerir que o ouvinte pode não estar interessado, naturalmente, aumenta sua intriga e este aumento na curiosidade atrai sua atenção. Esse comando dispara um controlador interno, que lhe diz que tem que tomar uma decisão, e o enfoque suave garante que esta decisão se sinta sem pressão e livre. No entanto, a magia real ocorre com a palavra final desta sequência, uma palavra que, ironicamente, normalmente deve ser evitada em todas as conversas: a palavra "mas".

Mais tarde veremos em detalhe o uso desta palavra, mas por agora imagine receber um comentário de seu empregador, que começa dizendo "Você sabe que você é um membro realmente valioso da equipe, você tem feito um trabalho muito bom, mas você precisa melhorar algumas coisas." Qual é a única parte que você se lembraria? Como veremos depois, a palavra "mas" nega tudo o que se disse antes, então quando você diz a alguém "Não tenho certeza se isto é para você, mas...", a pequena voz dentro da cabeça de seu ouvinte está dizendo: "É possível que deseje ver isso."

Vejamos alguns exemplos:

"Eu não tenho certeza se é para você, mas você estaria interessado em aprender como (insira os resultados e benefícios do seu produto ou serviço)?"

"Eu não tenho certeza se é para você, mas nós temos planos para o sábado, e você pode se juntar a nós".

"Eu não tenho certeza se é para você, mas esta opção está disponível apenas por este mês, e odiaria que você a perdesse".

Esta abordagem livre de rejeição cria um resultado simples e ocorrerá uma destas duas coisas: Seu ouvinte pedirá mais informações porque está realmente interessado ou, no pior dos casos, vai dizer que precisa pensar.

CHAPTER 13
POSITIVISMO

C om o "positivismo" não me refiro ao pensamento filosófico da lei de atração, mas a algo mais tangível. Todos temos medo da rejeição. A inquietante pergunta: "O que acontece se eu disser que não?", tem impedido que solicitem aumentos de salário, que façam chamadas de vendas e que peçam alguém em namoro, situações que mudariam a vida das pessoas.

Uma pesquisa após a outra confirma que o medo número I das pessoas é o medo de falar em público, também conhecido como o medo da rejeição do público. Os milhões de anos de evolução nos ensinaram que as multidões devem estar a nosso favor e não contra nós. É uma "sabedoria" primitiva, mas muito poderosa, que faz com que o nosso cérebro perceba a rejeição como uma ameaça para a nossa própria sobrevivência. Um "não" dói mais do que qualquer outra coisa. Um "sim", por outro lado, é exatamente o oposto da rejeição. É um sinal de aceitação, de compreensão e positivismo.

Da mesma forma que no padrão anterior, a chave aqui está no "se". Um "sim" significa que não temos que mudar (nós odiamos mudar) e nossos cérebros adoram ouvi-lo. Vejamos agora como podemos usar esta palavra para motivar e influenciar positivamente.

Faça perguntas com resultado positivo

Em seu fascinante artigo intitulado "Comportamento motivacional orientado para objetivos através do diálogo interno introspectivo", os pesquisadores Ibrahim Senay, Dores Albarracín e Kenji Noguchi descrevem os resultados surpreendentes de um engenhoso experimento que realizaram no ano de 2010.

Fizeram os participantes do experimento acreditarem que os pesquisadores estavam "interessados em suas habilidades de escrita" e foi-lhes pedido que escrevessem vinte vezes uma das seguintes palavras ou expressões: "Eu", "eu Vou", "Eu vou resolver" ou "Como vou resolver?" Uma vez terminada a tarefa de escrita, foi-lhes dado uma série de palavras cruzadas para resolver. O grupo que escreveu a frase interrogativas "Como vou resolver?" superou os outros três grupos na tarefa de enigmas em quase o dobro. Se suspeitou que preparar os sujeitos com uma pergunta em vez de uma afirmação, melhorava significativamente o seu desempenho em uma tarefa posterior, pelo que realizaram três experimentos, que confirmaram os resultados.

Em um outro estudo, realizado por Peter Schulman, publicado no Journal of Selling and Sales Management, se descobriu que os vendedores otimistas superam os pessimistas em 35%. O traço que define um otimista é que responderá a perguntas positivas, com um "sim". Os pessimistas, por outro lado, preferem ficar com a resposta que usam para quase tudo: "não". Mas, mesmo que seu pessimismo se recuse a crer nisso, tente dar uma olhada no passado. Em um estudo de Adam Galinsky e Thomas Mussweiler do Instituto de Psicologia da Universidade de Würzburg, os participantes de negociações, que lhes foi dito um pouco antes de uma negociação que lembrassem de uma época em que se sentiam dominantes e poderosos, tenderam a exercer mais influência sobre as etapas do processo de negociação e, finalmente, conseguiram melhores resultados individuais.

Aqui entra em jogo um elemento do princípio "fingir até que o faça". Mesmo se você não se sente muito positivo sobre o resultado, diga sim, de qualquer forma. Seu cérebro cria associações profundas entre a palavra "sim" e o positivismo, o otimismo e a confiança necessários, para que seja um comunicador mais influente. Simplesmente dizendo, o seu cérebro lembra de todas as vezes que você disse "sim" no passado. Sentimentos de emoção, positividade, otimismo e confiança parecem seguir à palavra "sim" onde quer que você a use.

Além de dizer "sim" a si mesmo antes de uma interação para aumentar o seu poder de influência, há um momento específico em que você terá que encontrar esta palavra nas pessoas que deseja persuadir: Busque o "sim" desde o princípio da conversa.

Encontre o primeiro "sim"

Durante cada argumento, negociação, conversação, análise de desempenho ou apresentação, você deve se esforçar para encontrar um "sim" desde o início. Há sempre algo a que ambos podem dizer que sim, e não tenha medo de ser o primeiro a dizer.

Dizer que sim no começo de uma interação alivia a tensão, cria uma relação e abre as mentes. Às vezes, nem sequer tem de expressar esta aceitação verbalmente. De fato, a sua linguagem corporal pode ter um papel importante para o início de uma interação. Quando você se encontrar com alguém, o cérebro realiza uma rápida "avaliação das ameaças" e procura pistas para responder à pergunta: "Posso confiar em você?" Sua postura, seu contato visual, seu aperto de mãos, seus pés, seu tom de voz, e o resto de seus sinais não-verbais devem gritar "Sim!"

Então SORRIA! Adote uma postura de corpo aberto. Enfrente-os diretamente e se incline ligeiramente para a frente. Mantenha contato visual contínuo, embora, sem olhar fixamente. Seja um reflexo de suas ações. Nunca aponte com seu dedo, não cruze os braços e não deixe que seu nariz se eleve demasiado. Estas simples regras de linguagem corporal irão ajudá-lo a superar qualquer avaliação de ameaças com grande sucesso. O "sim" que você diz com o seu corpo fará com que a outra pessoa tenha uma sensação instantânea de confiança com você.

Vejamos um exemplo do "sim" em ação:

Andrea é uma mulher que trabalha em um clube Spa e vai se encontrar com um cliente potencial, João. João demonstrou interesse em contratar a anuidade do clube, mas é resistente. Vejamos como Andrea usa magistralmente o "sim" para ajudar João a superar suas dúvidas:

Andrea: (sorrindo e amigável) Olá, você é o João?

João: Sim.

Andrea: Que bom! Você está aqui para o seu agendamento das dez e meia, certo?

João: Sim.

Andrea: Eu não posso acreditar que seja apenas dez e meia e já faça tanto calor!

João: (Sorri e concorda)

Andrea: Bom, estamos contentes que você tenha desafiado essa onda de calor. O que lhe traz hoje?

João: Bem, acho que preciso relaxar. Eu tenho um trabalho muito estressante e preciso de alguma forma repor as energias.

Andrea: Sim, e você veio ao lugar certo!

João: Bem, isso é o que quero descobrir. Tenho outras opções para olhar ainda.

Andrea: Mas você está aqui! Obviamente, há uma boa razão para isso.

João: sim, é o Spa mais próximo da minha casa.

Andrea: Sim, e nós temos três filiais na cidade e outras quarenta no país. Obviamente, uma membresia anual não lhe seria muito útil, se não pudesse vir cada vez que precisar, certo?

João: Sim, você tem razão. Já me aconteceu de pagar para me associar e não consegui usar, enquanto estou viajando.

Andrea: Mas de alguma forma eu tenho a sensação de que desta vez será totalmente diferente para você. Deixe-me dar um passeio com você, e depois voltaremos aqui, e lhe mostrarei alguns números.

João: Bem, isso parece interessante.

João quer relaxar e, graças às excelentes habilidades de comunicação de Andrea, agora tem a melhor oportunidade de dispor de um serviço que esteja sempre disponível, independentemente da cidade em que se encontre.

Vejamos agora por que Andrea disse as coisas que disse:

Andrea não cometeu o erro de ir primeiro para o grande "sim". Em vez disso, foi para os pequenos "sim". Você vai notar que Andrea pareceu perder tempo no início de sua conversa com assuntos aparentemente desnecessários. No entanto, essa pequena conversa foi, na verdade, muito intencional e incrivelmente mágica.

Um estudo realizado por um grupo de vendedores revela o poder de obter "pequenos sim". O estudo analisou que se fizer com que alguém diga sim durante uma conversa, isso afetaria o resultado dessa conversa. Primeiro, os vendedores fizeram seus negócios como de costume e conseguiram fechar 18% das vendas, o que não é mau. No entanto, quando lhes foi ordenado obter um mínimo de três "pequenos sim" no início da conversa, conseguiram fechar 32% das vendas.

Então, o relevante aqui é notar que, não importa o quão pequeno seja o acordo, desde que estejam de acordo com você. Você pode ver como um simples comentário sobre o clima pode ajudar a persuadir e obter um acordo?

Existem várias estratégias para obter pequenos "sim". A mais simples é usar o que é conhecido como perguntas de etiqueta. As pessoas estão acostumadas a aceitar este tipo de perguntas. Se alguém faz uma pergunta como: "não é?" ao final de uma declaração, é muito difícil discordar, não é? Com este conhecimento já pode começar a pensar em todas as oportunidades em que você vai usar perguntas de etiqueta em suas conversas de hoje, certo?

Outra estratégia para obter um pequeno "sim" é usar uma pergunta de retrocesso. Andrea poderia ter tentado uma questão de retrocesso como "você disse que paga por um serviço que não foi possível usar quando você está viajando?" A única resposta que João poderia dar a essa pergunta é um pequeno sim, porque é exatamente o que acaba de dizer. No entanto, um erro que muitas pessoas cometem ao usar perguntas de retrocesso é que tentam fazer um esclarecimento. Um esclarecimento ocorre quando você usa suas próprias palavras para dizer o que a outra pessoa já disse e, geralmente, esclarece, porque você não tem ideia do que a outra pessoa está tentando dizer então, para entender melhor, esclareça. Você não vai querer fazer isso quando tentar obter um sim. Não exagere em suas palavras. Fale exatamente o que lhe disseram. Imagina que Andrea tivesse recordado João dizendo: "Oh, então você já se enganou antes?". João não tinha dito nada sobre ter se enganado e, embora para Andrea significa "um engano", para João poderia significar algo completamente diferente.

Outra forma de obter um pequeno "sim" é usar uma técnica que os psíquicos fraudulentos usam, chamado efeito Forer ou falácia da validação pessoal. Estas são observações tão gerais que ninguém pode estar em desacordo com elas, por exemplo "Às vezes você tem sérias dúvidas sobre ter tomado as decisões corretas." Apesar de ser declarações genéricas que são verdades para todos, fazem com que o ouvinte sinta que você está falando especificamente para ele. Provavelmente não usará esta técnica para fazer leituras psíquicas, mas você deve usá-la para conseguir pequenos "sim". Este tipo de declarações é como elogios e só deve fazê-lo de maneira genuína, por exemplo, "você é uma pessoa agradável. Estou seguro de que, às vezes, você se torna retraído e calado, enquanto que outras vezes é extrovertido e amigável", ou "você tem a tendência de ser crítico consigo mesmo". Captou a ideia?

Sigamos analisando a conversa anterior de Andrea e João.

Os negativos desaparecem

Note que, no exemplo, Andrea em nenhum momento mencionou outro clube de Spa, e essa é uma estratégia muito inteligente. Em vez de tentar fazer João dizer não ao outro clube, se concentrou em fazer com que ele dissesse "sim" para a sua empresa, e a razão é muito simples. O cérebro não lida muito bem com as palavras negativas e faz desaparecer a palavra "não" de seu subconsciente, o que gera reações exatamente contrárias da intenção original. Se eu te digo: "Não pense em um elefante com pontos amarelos", você consegue? É muito difícil, não é? Quanto mais você tentar apagá-lo, mais volta a aparecer em primeiro plano na sua mente, e isso se deve ao desaparecimento do "não". É como se o seu cérebro só escutasse "pense em um elefante com pontos amarelos". Imagine que o piloto do avião em que vai viajar toma o alto-falante e diz: "Senhoras e senhores, fala o capitão. Só quero dizer que não há razão para se preocupar". Como você se sentiria?

Então, esta estratégia é muito simples. Basta parar de dizer às pessoas que devem dizer "NÃO" e comece a dizer que devem responder "SIM".

Portanto, para recapitular, demonstramos que a palavra "sim" aumenta instantaneamente a sua capacidade de influenciar aqueles ao seu redor. O "sim" é poderoso porque ele transmite aceitação, algo que os psicólogos identificaram, há muito tempo, como uma profunda necessidade humana. Não importa o quão desagradável uma pessoa possa ser, há sempre algo em que possam chegar a um acordo, e você deve estar disposto a encontrar esse primeiro "sim" e usá-lo como ponto de partida. Faça com que uma pessoa diga um mínimo de três pequenos "sim" no início de uma conversa, evite o uso de negativas e reforce as suas declarações dando continuidade com "Sim, e...".

CHAPTER 14
ALTERANDO O ESTADO EMOCIONAL DAS PESSOAS

P or que gostaria de mudar o estado emocional de uma pessoa? Todas as crenças, decisões e pensamentos têm um conteúdo emocional. Algumas vezes este conteúdo emocional é grande, mas outras vezes é tão pequeno, que nem sequer sabemos que está presente. De qualquer forma, o conteúdo emocional está sempre presente em tudo o que fazemos e desempenha um papel fundamental em nossas decisões. Você já notou como as suas crenças sobre si mesmo e o mundo mudam, dependendo do estado de ânimo em que se encontra? Todas as decisões tomadas, quando você está feliz, triste ou irritado seriam diferentes se você estivesse em outro estado de espírito. Portanto, se podemos mudar a emoção, então podemos mudar a opinião, o pensamento ou a ideia.

Vê agora a importância de aprender a mudar o estado emocional das pessoas? Em seguida, veremos como fazer isso. Tenha em conta que começaremos do mais básico e iremos adicionando elementos paulatinamente até terminar com uma estratégia completa.

Lembre-se que quando você fala com outras pessoas,

eles criam uma representação interna do que estão dizendo e precisam fazer isso para que a frase tenha sentido. Se eu digo "Não se emocione com esta ideia", você tem que fazer uma representação interna da emoção para que a frase tenha sentido.

Agora, se quisesse, poderia fazer com que experimentasse mais algumas sensações. Por exemplo, você pode fazer uma frase como: "Quando tenho uma boa ideia, começo a sentir um formigamento no estômago, que começa a subir até o meu peito à medida que vou pensando em todas as coisas que posso fazer com este novo conceito. É assim que você sabe que tem uma boa ideia...".

Aqui acontece algo sutil e muito interessante. Observe que no exemplo que eu dei instruções de como se sentir quando tiver uma boa ideia. Eu comecei a falando de mim e terminei falando de você. As pessoas raramente se dão conta disso, embora muitos o usem naturalmente e, inadvertidamente, em suas conversas. No jargão de PNL isto é conhecido como uma mudança no índice referencial e é uma maneira brilhante de começar uma conversa falando de si e terminar falando do outro, sem que ninguém o note.

Agora vamos adicionar um elemento a mais para aprimorar nossa técnica, e veremos a importância das perguntas.

Se eu digo "Quero que agora você fique curioso", você terá que formar uma representação interna para entender o que estou dizendo, ainda que você não terá com que ligar estes elementos, por isso que essa frase não tem muito efeito em você, certo? Agora, se eu digo "Quando sinto curiosidade, sinto uma espécie de zumbido em minha cabeça e me sinto atraído pelo tema, tal como se fosse um ímã do qual a sua mente não pode escapar até aprender mais" estou lhe dando instruções de como sentir curiosidade e estou usando uma mudança no índice referencial. Neste caso, talvez nós estamos um pouco mais perto do que no primeiro exemplo, mas continua sem conectar os elementos.

Mas, se em vez de usar as frases anteriores, só perguntasse: "Como você sabe quando sente uma grande curiosidade?" Neste caso, você terá que ir para o seu interior para encontrar as respostas e descobrir o seu próprio processo de curiosidade, por isso que as emoções e sensações associadas serão mais significativas para você.

Agora, se você dissesse "Quando sinto curiosidade, sinto uma espécie de zumbido em minha cabeça e eu sinto uma atração pelo tema, tal como se fosse um ímã do que a sua mente não pode escapar até aprender mais. Como você sabe quando você sente uma grande curiosidade?" Neste caso, o seu cérebro vai querer responder a essa pergunta, e para isso terá que testar ambas as frases e comparar os resultados, pelo que as minhas palavras estariam lhe provocando para acessar os seus sentimentos.

Antes de continuar, vamos ver um pequeno resumo do que você aprendeu para que mantenha as ideias claras em sua mente. Agora você conhece as 4 seguintes formas de acessar os sentimentos de uma pessoa, do mais fraco para o mais forte:

1. Dar representações internas diretamente. "Você pode achar isso interessante".

2. Dar um processo para os sentimentos. "Quando estou interessado em um assunto, de repente, vejo todas as possibilidades e facilmente você pode imaginar todas as novas formas de aplicar este conhecimento".

3. Fazer perguntas. "Como você sabe quando está realmente interessado em um assunto?"

4. Usar uma combinação das três anteriores. "Não sei você vai achar este assunto interessante". Certamente,

quando descobri estes conceitos pela primeira vez, de repente comecei a pensar em um monte de aplicações e o interesse se transformou em excitação à medida que você avança para todas as aplicações. Senti como que um aumento da temperatura em meu peito, à medida que se me ocorriam mais e mais ideias. Como você sabe quando seu interesse se transforma em excitação?"

Muito bem, agora que sabemos como acessar as emoções das pessoas, veremos um padrão de linguagem que permite que a gente se envolva emocionalmente com o que você está dizendo.

Sabemos que decidimos pela emoção, e em seguida usamos a razão e a lógica para justificar essas decisões. Felizmente, existe um padrão de PNL que aproveita esta condição para evocar o estado emocional que você deseja e pressupõe que a pessoa que lhe escuta fará o que você diz. É muito simples de usar. O padrão é o seguinte:

"Pense em quanta <emoção positiva> você vai sentir quando finalmente <o que quer que ele faça, pense ou sinta>"

Vejamos alguns exemplos:

"Pense na felicidade que sentirá quando, finalmente, tiver um belo jardim".

"Pense em como se sentirá aliviado quando finalmente deixar nosso escritório". (Caso seja um dentista).

"Pense na tranquilidade que a sua família sentirá quando finalmente se mudarem para esta casa".

Você deve pensar no tipo de emoção que você gostaria que a pessoa sinta e, em seguida, deve pensar em como a pessoa pode alcançar os resultados que deseja, fazendo o que você quer que ela faça. Neste sentido, a palavra "finalmente" é especialmente útil quando o resultado pode ser difícil (como perder peso ou parar de fumar), e a pessoa já tentou muitas coisas antes de encontrar com você.

Este modelo é muito versátil, e pode mudar ao agregar uma emoção positiva, e uma terceira pessoa ou um grupo. Por exemplo:

"Pense a inveja que seus vizinhos sentirão quando virem você dirigir esse carro".

A ideia central deste padrão é a seguinte: Se você somente disser porque quer ou precisa que as pessoas façam algo, o único que conseguirá será a reputação de alguém desesperado. No entanto, se lhes mostras como as suas ideias e talentos lhes dará dinheiro, proteção, conforto, segurança, orgulho, amor, ou qualquer coisa que desejem, essas mesmas pessoas começarão a valorizar a sua perspectiva, e quando as pessoas valorizam sua perspectiva, você está sendo uma pessoa persuasiva.

Portanto, para ser convincente, deve ser um provocador de estados emocionais por prazer e por dinheiro. Richard Bandler diz: "Não importa no que você acredita que vende. Você só vende sentimentos e emoções". Lembre-se que as pessoas compram sentimentos e emoções e, em seguida, justificam suas decisões com lógica e razão, por isso, se quiser aproveitar esta realidade da natureza humana, você tem que encontrar os sentimentos que querem e entregá-los em forma de benefícios.

Que tipo de benefícios? A seguir, há uma lista de benefícios que normalmente as pessoas procuram (em nenhuma ordem em particular):

- Ganhar dinheiro
- Poupar dinheiro
- Poupar tempo
- Sentir-se seguro

- Melhorar a sua saúde
- Ser mais atraente
- Ficar mais jovem
- Ter sexo melhor
- Impressionar os outros
- Pertencer a um grupo especial
- Ajudar a família

Quando vender algo (mesmo que uma ideia) se pergunte: Por que alguém compraria? Por exemplo, imagine que você vende óculos de sol. Você pode se perguntar: Por que alguém compraria estes óculos de sol? A resposta depende se os óculos são acessórios de moda ou apenas para proteger os olhos. Se eles são acessórios de moda, o benefício pode ser impressionar os outros ou ficar mais atraente. Em seguida, apresente este benefício, utilizando uma história como estudo de caso, uma metáfora, ou expresse o que não alcançarão se não comprarem o seu produto. Então, da próxima vez que tentar convencer alguém ou vender um produto, teste esta fórmula.

Em seguida veremos como ajudar as pessoas a saírem de estados emocionais negativos

Como tirar as pessoas de estados emocionais negativos

Você já tentou gerar uma mudança em alguém que está em um estado de ânimo negativo? Provavelmente o fez, e sabe quão difícil, ou impossível, que é. Felizmente, há um padrão de linguagem que nos ajudará a mudar o estado de uma pessoa para um mais positivo, que lhe permita ver novas possibilidades. Este é um padrão muito fácil de usar e só precisa de duas palavras e, apesar de sua simplicidade, têm um grande poder quando são usados da seguinte forma:

"(X) ainda. E isso é porque (Y)

Neste padrão, (X) é o problema que a pessoa está experimentando. É conveniente que a pessoa te diga como se sente, em vez de tentar ler a mente e usar suas suposições. A segunda parte deste padrão, (Y), é a razão por que o seu estado mudará.

Como você verá nos padrões posteriores, a palavra "porque" é muito poderosa, já que a maioria das pessoas são facilmente persuadidas, para fazer algo, quando se lhes dá uma razão para fazê-lo, embora essa razão seja fraca.

Vejamos alguns exemplos:

"Eu sei que você ainda não aprendeu isso. E isso é só porque você precisa ver mais exemplos".

"Ainda não tem a confiança. E isso é só porque você precisa praticar mais".

Podemos também adicionar algumas pequenas variações:

-"Sim, parece caro. E isso é porque eu ainda não lhe mostrei quanto valor irá agregar ao seu negócio".

"Eu sei que você é cético. E isso é porque não mostrei como funciona".

Com este padrão de linguagem estamos reconhecendo a experiência negativa da pessoa e estamos lhe dando uma razão "por que" mudará.

A palavra "ainda" neste padrão é igualmente importante, já que estamos pressupondo que seu estado irá mudar e isso é particularmente útil no contexto das vendas. Se você está vendendo algo, provavelmente sabe que é difícil tirar as pessoas de sua letargia para que comprem, mas tudo o que você precisa é a palavra "Ainda".

"Ainda" implica que o seu possível cliente está preso no passado, que o que vem fazendo até agora está errado, e que seus problemas não foram resolvidos, mas também sugere que o que você está oferecendo é a solução.

Vejamos alguns exemplos:

"Se você ainda continua a utilizar o Microsoft Word para criar documentos..." (Talvez você vende outro tipo de software processador de textos).

"Você ainda continua à procura de sua alma gêmea?" (Para um serviço de namoro ou um livro sobre relações de casal).

"Você ainda continuar a utilizar o Yahoo! para pesquisar na Internet?" (Depois de dar as suas razões porque não deveriam usar o Yahoo!).

Novamente, lhe aconselho a não ser rígido e usar a sua criatividade para implementar este padrão em suas conversas. Pessoalmente, eu gosto de usá-lo em forma de pergunta, tal como nos exemplos anteriores, já que o nosso cérebro está programado para responder a perguntas. Você está de acordo comigo?

Em seguida, veremos uma outra técnica para provocar estados emocionais.

Como provocar estados emocionais no momento certo

Este é um padrão interessante que combina uma projeção do futuro, com um comando embutido e um pressuposto. Provavelmente não consiga visualizar agora, mas esta é uma combinação muito poderosa. O padrão é o seguinte:

"Você vai <estado emocional positivo ou negativo> quando lhe dizer/mostrar..."

O comando embutido vem depois de "Você vai..." e é

uma parte do estado emocional. Vejamos alguns exemplos para que você entenda melhor:

"Ficará encantado quando eu lhe mostrar o preço deste curso".

"Você vai ficar extasiada quando descobrir onde eu lhe levarei esta noite".

"Você vai ficar louco quando lhe contar o que fiz...".

As pessoas se sentem mais motivadas a agir uma vez que suas emoções são gatilhadas, especialmente se são emoções fortes, e este modelo em particular é ideal para gatilhar essas emoções.

Com o seguinte padrão, você sentirá que seu cérebro vai começar a borbulhar, quando ver a forma de colocar as ideias na mente das pessoas.

CHAPTER 15

SEMEANDO IDEIAS NA
MENTE DAS PESSOAS

Vou lhe mostrar uma técnica que descobri e que é utilizada por escritores de anúncios publicitários para fazer com que os leitores comecem a pensar como eles desejam. Este padrão de linguagem é muito poderoso, embora, curiosamente, poucos praticantes de PNL o conheçam. É usado para semear ideias na mente das pessoas. O padrão é o seguinte:

"É <assunto> (X)?"

(X) é algo positivo ou negativo que você quer que as pessoas pensem ou acreditem. Pode ser uma pergunta simples que tenha uma resposta de "sim" ou "não", mas é melhor criar perguntas retóricas que expressem sua opinião de forma dissimulada, por exemplo:

"Os cães Doberman são os melhores guardiões para a sua casa?"

"Os cães Doberman são os cães mais perigosos do mundo?"

Ao usar as perguntas desta forma, embora tenham uma simples resposta de "sim" ou "não", você tem a capacidade de injetar um pressuposto, especialmente se a pessoa que recebe a mensagem não tem conhecimento sobre o assunto. No entanto, mesmo se a pessoa conhece sobre o tema em questão, pode ficar intrigada para ler ou ouvir mais a respeito de seu ponto de vista em relação ao assunto tratado.

Você pode criar variações desse padrão e fazer perguntas tais como:

"Você já reparou que...?"

"Você já se deu conta de...?"

"Você consegue entender...?"

Vejamos alguns exemplos:

"Você já reparou que as pessoas que usam padrões de PNL são bem-sucedidas em todas as áreas de sua vida?"

"Você é consciente de que os preços das propriedades neste bairro subirão nos próximos anos?"

"Você já se deu conta de que é cada vez mais difícil conseguir um emprego sem um currículo elaborado profissionalmente?"

O interessante deste modelo é que não importa a resposta das pessoas. Poderiam responder "sim" ou "não", mas a sua ideia já foi implantada em suas mentes. Além disso, este padrão pode ser usado como um elemento de prova de suas mensagens, mesmo que não sejam provas reais. Por exemplo, imagine que você está vendendo um livro para melhorar o desempenho e parte de seu trabalho é focado em um método de respiração para aumentar a consciência e o desempenho. Você poderia dizer algo como:

"Você já reparou como Tiger Woods respira profundamente três vezes antes de fazer um golpe? Bem, há uma razão para isso...".

Agora é a sua vez: Você pode pensar em todas as aplicações para este padrão em sua vida pessoal e profissional?

No padrão seguinte, você irá aprender a mudar a direção dos pensamentos das pessoas.

CHAPTER 16

MUDANDO A DIREÇÃO DOS PENSAMENTOS DAS PESSOAS

No jargão de PNL este tipo de técnica é chamado de redefinir, mas o nome não é importante e sim, como você usa este conhecimento, então vamos falar sobre isso. O padrão é usado para levar a conversa de um assunto para outro, por exemplo, quando você está conversando com alguém que está parado em um ponto e você quer mudar a direção da conversa para tratar dos temas de seu interesse.

Você pode imaginar a variedade de aplicações para este padrão? Em uma conversa com seus filhos? Com seu parceiro? Com seu chefe? O importante não é a quantidade de aplicações que possa pensar e escrever neste livro, mas as aplicações que você possa pensar. Essa é a única maneira de fazer com que este se torne seu conhecimento. Agora, tome alguns minutos para pensar em algumas situações em que você gostaria de mudar a direção ou o fluxo da conversa.

É sério. Faça isso.

Se você só se dedica a ler superficialmente este livro, você estará perdendo seu tempo. Você tem que pensar.

O fez?

Muito bem, agora que já o fizeste, este é o padrão que você vai usar para mudar o rumo da conversa:

"O tema não é <o ponto de vista da outra pessoa>, mas <meu ponto>", e, em seguida, uma pergunta para levar o foco para o tema que lhe interessa.

Por exemplo: "O problema não são os preços do petróleo no oriente médio, mas os bombardeios as vítimas inocentes que vivem naquele canto do planeta. Que medidas podemos tomar agora para ter certeza de avançar para a paz?"

A beleza deste padrão é que você não precisa pensar muito para conseguir levar a conversa na direção que se deseja, particularmente, se fizer perguntas baseadas no novo tema. Por exemplo, digamos que estou em frente a um grupo de administradores de empresas e quero lhes falar sobre o meu programa de capacitação em técnicas de comunicação, e eles estão se queixando de problemas em suas empresas. Eu poderia dizer que "o problema não são os resultados que estão obtendo, mas que os trabalhadores não estão conseguindo resolver os problemas por si mesmos... O que falta para suas equipes, para que possam resolver os problemas sozinhos?". Isso pode fazer com que falem sobre os problemas de suas equipes e, depois de um momento, eu poderia interromper com "o fato de seus supervisores não estarem tomando a iniciativa é um problema, mas o mais importante aqui é quão bem os supervisores comunicam a sua visão para suas equipes, quão bons são os seus supervisores nisso?"

Talvez, neste momento, comecem a discutir sobre as habilidades de comunicação de seus supervisores, o que eu poderia dizer, "o tema não é o fato de que seus supervisores não terem habilidades para se comunicar, mas quanto vocês os estão apoiando... Que treino de comunicação eles fizeram?"

Agora podem começar a falar sobre os programas de formação que realizaram, mas também do quão caros são os treinos, ao que eu poderia dizer que "a principal questão não é o custo do treinamento, mas quanto lhes está custando o baixo desempenho. Se eu pudesse mostrar-lhe como obter um melhor retorno do investimento de seu orçamento para treinamento, vocês estariam interessados em falar sobre como fazê-lo?".

Como você pode ver, dirigi a conversa para diferentes assuntos, até, finalmente, chegar ao tema que me interessa. Devo destacar que, nas páginas seguintes, você vai aprender vários métodos que pode usar para chegar a este mesmo ponto da conversa, mas o importante é reconhecer o que você pode fazer usando somente esse padrão. É assim. De fato, se você for corajoso o suficiente, você poderia ter feito tudo em um único movimento.

Vejamos um exemplo de como você faria em um movimento:

Voltemos ao início de conversa onde os administradores estão reclamando de problemas em suas empresas e que eu poderia intervir com "O tema não são problemas em seus negócios, mas quanto apoio que estão dando para a sua equipe melhorar. Quanto os resultados melhorariam se investissem em treinamentos para melhorar as habilidades de comunicação dos seus supervisores?".

É um movimento arriscado e pode ser muito evidente, por isso eu prefiro avançar em pequenos passos, mas o importante aqui é destacar que você pode alterar a direção de uma conversa em um único passo.

A seguir você vai aprender a estar de acordo com tudo e continuar mantendo seu comentário.

CHAPTER 17

MARCOS DE ACORDO: COMO ESTAR DE ACORDO COM TUDO E CONTINUAR MANTENDO SEU COMENTÁRIO

Este padrão é brilhante, já que estabelece um marco de acordo, mesmo quando não existe nenhum acordo. Você pode usar esse padrão para baixar as defesas conscientes e inconscientes de uma pessoa e fazer com que lhe ouça. Se você usa este padrão, juntamente com o padrão de redefinição para mudar a direção dos pensamentos, poderá superar todas as objeções conscientes da pessoa e redefinir totalmente a direção da conversa.

Este padrão, por si só, permite-lhe chegar a acordos e implementar condições para as quais não possam dizer "não", independente do que tenha dito antes, mesmo se o ponto de vista que você está implantando é totalmente oposto.

No entanto, algumas palavras de advertência. O sucesso deste padrão depende da sintonia que você faz com a outra pessoa e a forma como diz o padrão. O que eu quero dizer com isso? A maioria das pessoas acredita que se falar rápido terá um maior poder de influência, o que é um erro. Se você não leu a introdução desta terceira parte do livro, recomendo que volte e o faça.

Este modelo baseia-se em que todas as pessoas gostam que estejam de acordo com elas e, normalmente, as palavras "estou de acordo", são suficientes para atender a essa necessidade. Pense nisso por um momento. Se digo que estou em desacordo contigo, você vai se sentir pior do que se eu digo que estou de acordo, não é? O interessante aqui é que é irrelevante saber se estou verdadeiramente de acordo ou não, e o importante é que mantive suas defesas baixas.

O padrão é o seguinte:

"Estou de acordo e eu acrescentaria..."

Por exemplo, "Estou de acordo com que o curso é caro e é por isso que está cheio de informações úteis".

Vejamos outro exemplo. Este é um super padrão que combina o padrão de marcos de acordo e padrão de redefinição:

"Estou de acordo com que o curso é caro e eu acrescentaria que o importante não é o custo do curso, mas quanto dinheiro você ganha ao usar a informação que vai aprender".

Vejamos outro exemplo. Imaginemos que alguém disse algo que te desagradou consideravelmente, o que poderia responder da seguinte forma:

"Eu concordo com o que disse e gostaria de acrescentar que somente um completo idiota poderia ter dito isso".

Certamente você se pergunta por que não dizer diretamente que é um idiota. Bem, não se trata do que você diz, mas o que a outra pessoa pensa e sente. Neste caso, você quer que essa pessoa pense e sinta que é um idiota, mas se você atacar diretamente dizendo que não está de acordo, não te ouvirá e se preparará para se defender. No entanto, se você começa com um quadro de acordo, suas defesas subconscientes vão baixar e se preparar para ouvir quanta razão tem no seguinte que você dirá, neste caso, que "só um completo idiota diria algo assim".

Bom, normalmente eu não me relaciono a partir de posições tão extremas e não tento criar uma briga, por isso, se você também é uma pessoa conciliadora, a frase poderia ser:

"Estou de acordo com o que você diz, e eu acrescentaria que existe uma forma diferente de ver esta situação e que poderia dar melhores resultados".

Muito bom, espero que tenha ficado bem claro como usar este padrão. Agora, cabe mencionar que não se deve limitar às estruturas que utilizo nos exemplos. Você deve usar sua criatividade para usar palavras mais adequadas à sua forma de falar, de modo que o padrão se sinta natural e passe despercebido para quem o escuta. Por exemplo, minhas duas versões do que eu coloquei depois do "e" são:

"... e eu acrescentaria que..."

"... e isso significa que..."

Vejamos alguns casos:

"Eu concordo que é caro, e isso significa que você terá um produto de ótima qualidade".

"Eu concordo que você ainda não entendeu e isso significa que está processando as informações".

"Estou de acordo que está sobrecarregado de trabalho e, por isso, sugiro que reserve algum tempo para revisar suas prioridades, de maneira que você possa realizar a importante tarefa que eu estou te pedindo".

"Estou de acordo que esta nova tarefa é importante e isso significa que deve ser atribuída a alguém que tenha tempo disponível para realizá-la".

Como você pode ver, este modelo é muito versátil e pode-se imaginar diferentes variações. Outra das maneiras que eu utilizo este padrão é criar uma pequena confusão que gera expectativa e, assim, manter a pessoa ouvindo com mais atenção. Pense no que aconteceria se você me disser algo e eu responder com um "estou quase de acordo contigo...". Provavelmente você ficaria com a sensação de que estou de acordo com você, e, além disso, ficaria na expectativa para o que vou dizer a seguir para saber em que ponto estou em desacordo.

Agora, deixe-me falar de dois elementos chave que fazem com que este modelo funcione corretamente. Estes elementos são as palavras "mas" e "e". Compare essas duas frases:

1. "Estou de acordo, mas eu acrescentaria que..."

2. "Estou de acordo e eu acrescentaria que..."

Você pode ver que a primeira frase não funciona e a segunda tem um impacto maior? A palavra "e" soma ao que foi dito anteriormente, enquanto que a palavra "mas" apaga o que foi dito anteriormente. Isso é o que vamos ver no próximo padrão.

CHAPTER 18

ADICIONANDO E
APAGANDO PENSAMENTOS

Nós sabemos, pelo menos, instintivamente, que, em qualquer oração, tudo o que vem depois da palavra "mas" é muito mais importante do que o que vem antes. É por isso que apagamos mentalmente tudo o que ouvimos, antes da palavra "mas" e dirigimos nossa atenção para o que vem depois. Isto é especialmente verdade se o que se segue ao "mas" for exatamente o contrário do que o precedeu. Dê uma olhada nessas frases:

"Você é perfeito para o cargo, mas tivemos que contratar outra pessoa".

"Eu adoraria sair com você, mas não posso".

"É uma grande ideia, mas não posso investir nisso agora".

"Você fez um grande trabalho, mas há uma área em que pode melhorar".

Há ocasiões em que é inevitável dar más notícias ou expressar uma opinião diferente da de outra pessoa, mas não há necessidade de fazer com que as pessoas sintam emoções negativas quando o fizer. Sempre é possível discordar de uma forma agradável. No entanto, embora a maioria dos autores mostram que sempre se deve evitar a palavra "mas" ou substituí-la sempre com a palavra "e" (em alguns casos isso é o apropriado), há outras circunstâncias em que a palavra "mas" é o melhor que você pode dizer para apagar ou remover um desacordo. Portanto, o padrão é o seguinte:

<Expressa o desacordo> + "mas" + < - Expressa o que quiser>

Vejamos alguns exemplos:

"Eu sei que você não gosta de lavar os pratos, mas também sei que você gosta de ajudar a sua mãe, quando esta está estressada".

"Eu sei que parece que todos te pedem ajuda nesta época do ano, mas também sei que você é um dos contribuintes mais comprometidos com a nossa organização".

"Eu sei que você não gosta de tomar medicamentos, mas isso está se tornando rapidamente uma questão de vida ou morte".

"Eu sei que você está ocupado, mas você tem que ver isso".

Analisemos agora o caso contrário. A palavra "e" é o oposto da palavra "mas", isto é, em vez de apagar a ideia que vem antes, um "e" bem localizado vincula duas ideias, e o truque para usá-lo corretamente é o seguinte: Quando você usa um link "e", se certifique de colocar em primeiro lugar a ideia mais agradável e, em seguida, digite um "e", seguido da sugestão que você realmente quer que aceitem, por exemplo, "Você fez um ótimo trabalho e há uma área em que pode melhorar". Você pode observar que o significado literal da oração não muda, embora a sensação após a interação será completamente diferente.

Vamos nos voltar para a palavra "mas", já que é muito versátil. Kenton Knepper, criador de Wonder Words, um programa de treinamento muito popular que ensina os magos a usar as palavras para melhorar os seus shows, utiliza várias técnicas que aproveitam o "engano linguístico" e, uma das mais interessantes, é uma técnica para responder a alguém que usa intencionalmente com você a palavra "mas" com o objetivo de apagar, por exemplo, "Eu adoraria, mas não posso".

É muito provável que alguém tenha respondido desta maneira, em algum momento de sua vida, já que é uma forma educada de recusar a alguém sem ferir seus sentimentos, e isso é algo que sai de nossas bocas, sem que sequer tenhamos que pensar. Kenton sugere que para quebrar esse bloqueio usemos uma versão invertida do padrão "mas". Lembre-se que seu objetivo com este padrão não é o de alterar os fatos, mas seu objetivo é mudar a sensação, e tudo o que você tem que fazer é repetir o que eu disse fazendo apenas um pequeno ajuste. A frase ficaria assim:

"Não posso, mas eu adoraria!"

Você vê como alterando apenas a ordem das palavras e não as palavras em si pode transformar o significado de sua oração? Tecnicamente, essas frases significam exatamente o mesmo e só está mudando o significado emocional, que, naturalmente, é o mais importante. Lembre-se, a palavra "mas" apaga o que está antes e melhora o que vem depois, por que o foco passa do "Não posso" para "Eu adoraria", e isso afeta a maneira como você se lembra da conversa.

Então, para recapitular, um "mas" apague o antes e melhore o que vem depois. Este poder é frequentemente usado de forma acidental, mas quando se usa intencionalmente pode ter um impacto muito positivo no resultado de uma comunicação. Os "mas" que funcionam como apagadores podem ajudar a superar um "não". A palavra "e" é o oposto de "mas", você pode usar para eliminar o efeito "mas" e para vincular uma ideia agradável com uma ideia menos agradável, tornando mais provável que a ideia menos agradável seja aceita. Se alguém usa um "mas" com este objetivo com você, não se preocupe, você pode simplesmente repetir a declaração enquanto inverte a sua ordem para melhorar a maneira como a pessoa vai lembrar da interação.

Agora eu sugiro que faça o seguinte exercício para que este padrão se transforme em um hábito:

Semana 1: Observe como as pessoas usam a palavra "mas". Pergunte a si mesmo: como eu a teria usado de maneira diferente? Repita as conversas em sua mente e substitua qualquer "mas" mal usado com um "mas" intencional.

Semana 2: Tente surpreender dizendo "mas" em suas interações diárias. Pergunte a si mesmo: eu usei o efeito "mas" de forma adequada nesta situação? Se não, como é que o faria de forma diferente se tivesse a oportunidade de repetir?

Semana 3: Desafie-se a usar intencionalmente um "mas" com o objetivo de apagar e um "mas" potencializador, durante esta semana.

Depois de apenas vinte e um dias se concentrando conscientemente em todos os "mas" que você ouve e diz, ficará surpreso com a forma como seu cérebro vai se adaptado a esta poderosa nova técnica de comunicação.

No seguinte padrão falaremos sobre a ilusão da escolha.

CHAPTER 19

A ILUSÃO DE LIBERDADE E DE ESCOLHA

Nós odiamos nos sentirmos manipulados e quase sempre queremos sentir que tomamos a decisão final. Na hipnose Ericksoniana, há um padrão de linguagem chamado "duplo vínculo", que são frases que oferecem duas ou mais opções, mas que, na realidade, são a mesma. Por exemplo: "Você pode entrar em um transe profundo agora ou nos minutos seguintes".

Também existe a técnica chamada "Mas você é livre para escolher". Mais de 40 estudos psicológicos sugerem que esta técnica pode duplicar as chances de que alguém responda afirmativamente às suas solicitações e é muito simples de aplicar. Tudo que você tem que fazer é fazer o seu pedido e, em seguida, deixar claro que a pessoa pode recusar. Por exemplo:

"<Exigência>, mas você é livre para não aceitar".
"<Exigência>, embora, obviamente, você não tenha que fazê-lo".
"<Exigência>, embora não se sinta obrigado".

Como você pode ver, não importa a linguagem que

utiliza, mas só interessa reafirmar que a outra pessoa tem uma escolha. Cabe mencionar que esta técnica funciona melhor face a face, mas também pode ser eficaz por e-mail ou telefone.

Existe uma variação deste padrão para quando alguém que conhece as suas opções, precisa de ajuda para reduzi-las e facilitar a sua escolha. A beleza deste padrão é que lhe permite parecer imparcial ao sugerir a opção que mais lhe convém. O padrão é o seguinte:

"Como eu vejo, você tem X opções"

Tecnicamente, você está apenas apresentando as suas opções, mas agora você tem a oportunidade de mostrá-las de uma forma que favoreça a sua opção preferida. O truque é deixar a sua opção preferida para o final, para que se destaque como favorita.

Vejamos um exemplo:

Imagine que você está abrindo um negócio e está à procura de alguém para juntar-se à sua empresa. Já tem alguém em vista, e, por seus antecedentes, sabe que seria o apoio que necessita para crescer. Portanto, você começa a fazer uma declaração para estabelecer um cenário favorável que o faça destacar a opção que proporá. Poderia ser algo como isto:

"Então, você está em um trabalho que odeia. Não sente prazer nele, com jornadas de trabalho são longas que lhe mantém longe de sua família e o dinheiro não é o que você gostaria que fosse. Eu lhe mostrei uma oportunidade de negócio e você se agradou, mas não está seguro do que fazer exatamente. Vejo que você tem três opções: Primeiro, você poderia procurar outro trabalho, trabalhar em seu currículo, enviar cartas, realizar entrevistas e trabalhar durante todo o processo para, talvez, encontrar um outro empregador que ofereça uma oportunidade semelhante e, provavelmente, será o mesmo tipo de trabalho com o mesmo retorno. Em segundo lugar, você poderia fazer absolutamente nada, ficar exatamente onde você está agora, aceitar as circunstâncias atuais e simplesmente deixar escapar esta oportunidade. Ou, em terceiro lugar, você poderia tentar isso, trabalhar em paralelo com o que você está fazendo agora, e ver o quão longe você pode chegar. Dessas três opções, qual te parece a mais adequada?"

Terminar com a pergunta: Qual será a opção mais adequada?" significa que você tem que escolher uma dessas opções. Você preparou o cenário para que a trabalhosa opção de procurar um novo trabalho seja descartada e, se você conseguiu infringir dor suficiente para a opção de ficar como está, também a descartará, portanto, a única opção mais fácil e conveniente que resta é a que você quer que escolha. As opções foram apresentadas de tal forma, que a última é a que apresenta o caminho de menor resistência.

Então, você começa dizendo: "você tem X opções" e termina com "Qual será a mais adequada?" para ver a pessoa escolher sem esforço a opção que você deseja. Seu objetivo é se tornar um catalisador de decisões e este padrão de linguagem leva a uma decisão quase que instantaneamente.

Certamente muitas vezes você conseguiu que as pessoas se interessassem em algo, no entanto, é a tomada da decisão final que impulsiona os resultados, por isso você deve na escolha criar opções fáceis, e as decisões mais fáceis são as polarizadas. Vinho tinto ou branco? Praia ou montanha?

Vejamos alguns exemplos simplificando ao máximo as opções a serem apresentadas para a pessoa. Lembre-se que seu objetivo é oferecer opções, fazendo com que uma delas se destaque como a opção mais fácil.

"Há dois tipos de pessoas neste mundo: aqueles que deixam o seu sucesso financeiro nas mãos de seus empregadores e aqueles que assumem plena responsabilidade e constroem o seu próprio futuro. Que tipo de pessoa é você?"

"Há dois tipos de pessoas neste mundo: os que julgam algo antes mesmo de tentar, e aqueles que tentam e baseiam sua opinião em sua própria experiência. Que tipo de pessoa é você?"

"Há dois tipos de pessoas neste mundo: os que resistem à mudança a favor da nostalgia e os que se movem com os tempos e criam um futuro melhor. Que tipo de pessoa é você?"

Agora, quero que pense que há dois tipos de pessoas neste mundo: os que leem este tipo de livros, e não fazem nada e aqueles que colocam em prática o que leem e disfrutam de resultados imediatos. Em seguida, veremos uma outra variação deste padrão que você pode usar para destacar a alternativa que mais lhe convém. O padrão se chama efeito isca.

O efeito isca descreve uma situação em que você tem três escolhas diferentes, duas das quais são legítimas e uma é a pior em quase todos os aspectos, ou seja, é apenas uma ilusão. Aqui está um exemplo de três opções diferentes de assinaturas para o "The Economist":

Opção 1: Assinatura da web. US $59. por ano.

Opção 2: Assinatura impressa. US $125 por ano.

Opção 3: Assinatura impressa e web. US $125 por ano.

Evidentemente, a opção dois é só uma isca. Presumivelmente, ninguém escolheria (assinatura impressa por US $125), já que pelo mesmo preço que poderia obter a assinatura impressa e web.

Dan Ariely, professor de psicologia e economia comportamental na Universidade de Duke, descreve este exemplo do The Economist, em seu livro Predictably Irrational. Ao levar a cabo um estudo, Ariely fez com que 100 estudantes do MIT escolhessem entre as três opções acima para assinar o The Economist. Os resultados foram os seguintes:

Opção 1: 16 escolheram a primeira opção (uma assinatura a Economist.com por US $59 por ano).

Opção 2: 0 escolheu a segunda opção (uma assinatura impressa por US $125 por ano).

Opção 3: 84 escolheram a terceira opção (uma assinatura impressa e web por US $125 por ano).

Agora, já que ninguém escolheu a segunda opção (apenas assinatura impressa), o que aconteceria se você a eliminasse por completo?

Ariely eliminou a segunda opção e apresentou a primeira e a terceira opção para outros 100 estudantes do MIT. Isso é o que aconteceu:

68 escolheram a primeira opção (uma assinatura Economist.com por US $59 por ano).

32 escolheu a terceira opção (uma assinatura impressa e web por US $125 por ano).

A diferença é dramática. A eliminação da opção isca fez com que a terceira opção (assinatura impressa e web) se tornasse menos atraente, o que fez com que mais pessoas passassem a comprar a opção mais econômica (apenas assinatura da web). No entanto, quando a opção isca estava presente, a maioria (84%) escolheu a assinatura mais cara (impressa e web).

Portanto, se você apresenta diferentes opções para os seus clientes ou qualquer outra pessoa que você quer influenciar, você pode adicionar uma opção isca para destacar a opção que lhe for mais conveniente.

CHAPTER 20
USANDO REPRESENTAÇÕES INTERNAS PARA DIRECIONAR OS PENSAMENTOS

As representações internas podem direcionar os pensamentos de uma pessoa para o que você estiver dizendo. Isso acontece de forma normal o tempo todo, mas aqui você vai aprender o que acontece no cérebro de uma pessoa quando fala com ela e provavelmente nunca mais voltará a ter uma conversa normal.

Se eu falar, neste momento, para que a frase tenha sentido, a sua mente subconsciente teria que fazer uma representação interna do que eu estiver dizendo. Se você precisa se lembrar o que é uma representação interna, pode voltar a rever a primeira parte deste livro, intitulada "Conceitos básicos de programação neurolinguística". Você se lembra? Muito bem, então continuemos. Por exemplo, se digo: "Pedro, viu a montanha atrás da casa", você terá que fazer uma representação interna de Pedro, de uma montanha e de uma casa. Entendeu? Bem, agora, se eu disser "Pedro não vê a montanha atrás da casa, porque Pedro, a montanha e a casa não existem", o que você acha que vai acontecer em sua mente?

É isso mesmo! Sua mente subconsciente vai ter que fazer

a mesma representação interna dos itens que estou mencionando, ainda que esteja dizendo que não existem. Portanto, para que algo faça sentido, temos sempre que fazer uma representação interna disso.

A seguir temos uma representação um pouco mais complexa. Note a diferença entre as duas frases:

1. "É difícil entender este conceito".

2. "Entender este conceito não é fácil".

Ambas têm o mesmo significado lógico, mas têm um conjunto diferente de representações. Esta é a ideia fundamental de muitos dos padrões que temos visto até agora.

Agora, podemos tomar esse conceito e usá-lo para direcionar a imaginação das pessoas. Quando usamos palavras como "imagine", "considere", "digamos", ou frases como "e se...", "que tal se...", "pense sobre...", estamos dando um comando ou instrução direta para o cérebro das pessoas, para que usem sua imaginação, na direção que queremos que pensem.

Você pode ver quão furtiva é esta técnica? Apenas dizendo as coisas certas posso forçar suas representações internas, para que não tenham nenhuma escolha, e não ser que se neguem a me ouvir ou ler. Considere todo o poder de influência que você terá sobre as pessoas e imagine como poderá conseguir que façam mais por você, com este novo conhecimento.

Portanto, se você está tentando influenciar uma pessoa, é uma boa ideia conhecer seus sistemas representacionais preferidos. Por exemplo, os mecânicos automotivos e os músicos tendem a ser mais auditivos. Os quiropráticos são mais cinestésicos. Mas o que acontece quando não conhecemos os seus sistemas representacionais preferidos?

Felizmente, temos uma palavra que podemos usar nessa

situação. Provavelmente você já viu em inúmeros anúncios bem-sucedidos. A palavra é "imagine".

Esta palavra aciona automaticamente o processo de visualização por sua mera menção e é, talvez, a ferramenta de comunicação mais poderosa de que dispomos, porque permite que as pessoas imaginem qualquer visão pessoal em suas mentes e em seus corações.

O poder desta palavra deriva do simples fato de que pode evocar qualquer coisa na mente do receptor da mensagem e o que se pode imaginar é, portanto, infinitamente pessoal. Você não tem que os detalhes do que eles têm que imaginar, simplesmente instigá-los a fazê-lo.

A ilustração mais clara deste processo é a leitura. Quando lemos, traduzimos somente os símbolos em preto e branco da página em imagens nítidas na mente, mas as imagens mentais de cada leitor são diferentes. Isso faz com que cada leitor colabore com o autor durante a criação de seu próprio entretenimento. O cinema, por outro lado, e apesar de todas as suas maravilhas, é um meio infinitamente mais passivo e prejudica a imaginação, em vez de melhorar.

Neste sentido, as mensagens devem dizer o que a gente quer ouvir. A chave do sucesso para os padrões de linguagem está em personalizar e humanizar a mensagem para provocar emoções. As pessoas vão esquecer o que você disse, mas nunca vão esquecer como você as fez se sentirem. Se o ouvinte pode relacionar a sua mensagem com suas próprias experiências de vida, você pode personalizar a sua mensagem.

Os anúncios publicitários não vendem os produtos como uma mera ferramenta ou como um elemento com um propósito específico e limitado, mas vendem a imagem de quem você será quando usar o produto. Você será uma pessoa mais inteligente, mais sexy, mais atraente, mais admirada. No entanto, não se trata de criar falsas expectativas, já que isso diminuiria a credibilidade. Trata-se de incentivar o destinatário da mensagem a querer algo melhor e entregá-lo.

E qual é a melhor forma de comunicar a sua mensagem?

Através da visualização. Deve pintar uma imagem vívida que a pessoa possa usar. O indicador utilizado incorretamente pode arruinar até mesmo as ideias e produtos mais populares. Considere os fabricantes do "Infiniti", provavelmente o melhor carro da Nissan dos últimos vinte anos, que decidiram lançar seus novos modelos de forma invisível, literalmente. O lançamento do Infiniti foi exatamente ao mesmo tempo em que a Lexus estava usando a estratégia oposta: a abordagem visual.

A campanha publicitária tradicional da Lexus revelou o seu novo automóvel viajando por uma estrada sinuosa e mostrava o slogan "A incansável busca da perfeição". Embora não espetacular, foi uma campanha sólida. Por outro lado, Infiniti se recusou a usar um slogan ou até mesmo mostrar o seu automóvel, e criaram uma série de nove comerciais destinados a ilustrar as fantasias dos possíveis condutores. A campanha de "fantasia", foi baseada em uma interpretação japonesa do luxo, que é quase espiritual em sua abordagem, em comparação com a interpretação literal dos consumidores ocidentais, o que minou a credibilidade e a relevância da mensagem.

Enquanto Lexus, enchia seus avisos com informação sobre a sua "tradição europeia do automóvel de luxo" e com belas imagens de seu automóvel, os anúncios de Infiniti eram deliberadamente vagos, apenas apresentavam céu limpo, árvores, jatos de água e nunca mostravam uma imagem clara do automóvel. Nenhuma.

A Nissan criou uma equação de comunicação destinada

ao fracasso: um design automotivo totalmente invisível com um projeto de anúncios sem visualização. Nos meses seguintes, a Nissan passou mais tempo defendendo sua campanha publicitária que, lançando seus veículos. A moral é a seguinte: O pensamento é literal e se você não pode se ver fazendo algo, as possibilidades de fazê-lo são mínimas ou nulas.

As pessoas tomam decisões baseadas nas imagens mentais que criam, de modo que, se você pode colocar imagens em suas mentes, então poderá usar os resultados dessas imagens para influenciar em suas decisões.

Mas como criamos imagens na mente dos outros?

É muito simples. Contando histórias. Provavelmente você se lembra que, quando era pequeno, ouviu muitas boas histórias que começavam com as palavras "Era uma vez...".

Quando ouvíamos essas palavras, sabíamos que era hora de relaxar, de curtir o momento e abraçar a nossa imaginação, enquanto alguém usava as palavras para pintar um mundo mágico onde podíamos viajar. Agora que somos adultos, seria realmente difícil criar esse mesmo efeito com as palavras "era uma vez", por isso precisamos de um padrão de linguagem que possa criar o mesmo resultado pitoresco.

O padrão é o seguinte:

"Só imagine..."

Quando você usar "imagine" como um imperativo (comando ou instrução) é muito provável que envolva toda a experiência interior da pessoa.

"Imagine como vai ser..."

"Imagine por um momento como será em um mês..."

"Agora, imagine..."

"Imagine o que você faria se..."

"Apenas imagine como você se sentiria..."

"O que acontece quando você imagina...?

Para tirar o máximo proveito deste padrão de linguagem, ao final, você deve indicar o benefício do que quer que façam, e pode indicar as consequências de não fazer o que quer que façam, embora, em geral, é mais eficaz dar o enfoque a partir de um ponto de vista positivo. Por exemplo:

"Apenas imagine como serão as coisas dentro de seis meses, uma vez que tenha implementado isso".

"Imagine o que diria a sua família se você perdesse essa oportunidade".

"Imagine a expressão nos rostos de seus filhos, quando o virem fazer isso".

"Imagine o impacto positivo que pode ter esta decisão".

"Imagine como será sua vida depois que dominar esses padrões de linguagem".

"Imagine por um momento como será a sua rotina daqui há um mês quando puder persuadir qualquer pessoa com estas técnicas".

Quando você ouve a palavra "imagine", a mente subconsciente não pode evitar de imaginar e experimentar o cenário que você está criando. Permita que o poder da mente criativa de outra pessoa crie uma realidade mais nítida do que qualquer coisa que você mesmo possa descrever.

Deixe que a mente das pessoas faça o trabalho duro, e imagine a grande diferença que este simples padrão de linguagem criará em sua vida pessoal e profissional.

Vamos ver agora uma aplicação particular deste padrão de linguagem: Como pedir um aumento de salário.

Como pedir um aumento ou uma promoção?

Em geral, nos sentimos desconfortáveis ao pensar em ir ao escritório do nosso chefe pedir um aumento ou uma promoção. É um dos momentos que a maioria das pessoas mais detesta, a tal ponto, que preferem adiar indefinidamente. Esta é uma situação que requer delicadeza e diplomacia, força e determinação. O mais importante, você deve se colocar no lugar do seu chefe. Para seu chefe, o seu aumento ou promoção não é considerado uma recompensa para o desempenho anterior, mas um investimento específico em seu desempenho futuro. A pergunta que ele se fará não é "O que você tem feito por mim ultimamente?", mas "O que fará por mim amanhã?"

Prepare-se para explicar como você fez o seu trabalho bem, mas tenha em conta que, demonstrar o valor passado e atual é apenas metade da mensagem que deve entregar. Você será mais eficaz se enfatizar o que mais preocupa o seu chefe: o futuro, ou seja, o próximo cliente, os contratos futuros, o próximo projeto. Emprega o conceito das consequências, mas não use ameaças ou extorsões. Ninguém aprecia ser colocado contra a parede, pelo contrário, isso facilitaria que lhe respondam com um sonoro "não".

Apenas tenha em mente que o ponto chave para a decisão de seu chefe não será que você "merece" um aumento, mas há certas consequências implícitas se não lhe derem. Já provou seu valor, e agora o seu foco deve estar em convencer o seu chefe a imaginar o que aconteceria se esse valor já não estivesse ali.

"Imagine se..." são as duas palavras mais eficazes que você pode usar nessa situação. "Imagine se eu não tivesse trabalhado no projeto X". "Imagine se eu não tivesse fechado o contrato X na semana passada". Ao convidar simplesmente o seu chefe para fazer um pequeno experimento mental, entrará em uma visão sutil, mas clara, de estar impedido de alcançar os seus próprios objetivos de gestão.

Conseguir esta visualização produzida pelo padrão de linguagem "imagina se" prova seu valor futuro, e é provável que obtenha esse aumento, bônus ou promoção. Claro, alguns chefes usam os aumentos para recompensar os esforços anteriores, mas para aqueles que não o fazem, "imagina se" é o melhor elixir.

Em seguida, veremos um outro padrão de linguagem que utiliza as próprias representações internas das pessoas. O padrão é "Como você se sentiria se...?"

Como você se sentiria se...?

Se você deseja que as pessoas façam coisas que normalmente não querem fazer, primeiro você deve encontrar uma razão honesta que seja suficientemente poderosa para eles, mas para entender quais razões são suficientemente poderosas, você deve primeiro compreender como as pessoas se motivam.

Todas as ações das pessoas são motivadas por uma destas duas coisas: evitar uma perda potencial ou adquirir um ganho potencial. Ou seja, ou quer se aproximar em direção à luz, ou quer se afastar do que poderia feri-los. Um dado interessante é que, no mundo real, as pessoas trabalham muito mais para evitar uma possível perda do que para conseguir um ganho potencial.

Mas isso não é tudo. Além de compreender a verdadeira motivação das pessoas, também deve saber se as pessoas baseiam suas decisões na emoção ou a lógica, embora a maioria, tome decisões a nível emocional e, em seguida, justifique com a lógica, ou seja, temos que nos fazer sentir bem antes de fazer sentido para nós.

Certamente você já tenha se sentido confuso depois de uma conversa com alguém que não seguiu seus conselhos e tenha pensado "Não sei por que não faz o que eu digo, se o meu conselho tem sentido". Se você tentar ganhar seus argumentos com base em que seus conselhos têm sentido, você estará tentando persuadir com as razões erradas. As pessoas tomam decisões baseadas no que as fazem se sentirem bem, e se você pode fazê-los se sentirem bem, o resto é fácil.

Ao apresentar um cenário futuro com o padrão de linguagem "Como você se sentiria se ...?", você faz a outra pessoa viajar no tempo até aquele momento e imaginar as emoções que foram desencadeadas neste instante. Em outras palavras, com este padrão de linguagem você cria um cenário condicional para o futuro que eles podem ver e sentir por si mesmos.

Vejamos alguns exemplos:

"Como você se sentiria se esta decisão lhe garantisse uma promoção em seu trabalho?"

"Como você se sentiria se seu rival lhe superasse?"

"Como você se sentiria se mudasse isso?"

"Como você se sentiria se perdesse tudo?"

"Como você se sentiria se no próximo ano estivesse livre de dívidas, vivendo na casa de seus sonhos e planejando suas próximas férias?"

Portanto, ao criar cenários futuros condicionais com este padrão de linguagem, você pode entusiasmar as pessoas e lhes dar verdadeiras razões para avançar para o que desejam, ou para deixar o que não querem, e quanto maior o contraste entre o que eles querem e o que não querem, maior será a probabilidade de que se movam.

CHAPTER 21
CRIANDO UMA PERSPECTIVA DE DÚVIDA

Com que frequência você se encontra em uma conversa que se transforma rapidamente em um debate, porque você está falando com alguém que acha que sabe mais e, talvez, até mesmo gostaria de lhe ensinar com as suas opiniões?

Para influenciar os outros, você deve estar ciente de como controlar uma conversa e uma forma de recuperar o controle e fazer a outra pessoa ir de uma perspectiva de certeza para uma perspectiva de dúvida.

Em geral, as pessoas instintivamente tentam criar esta posição de incerteza questionando diretamente a opinião da outra pessoa e, talvez, até mesmo discutindo. Certamente você terá tido momentos em que se sentiu frustrado pela incapacidade de alguém entender o que você está dizendo e por não poder superar as suas ideias preconcebidas. Isso acontece regularmente quando tentamos introduzir novas ideias ou conceitos, e a outra pessoa tem a mentalidade do "eu sei mais" que, em muitos casos, pode ser difícil de superar.

A melhor maneira de superar a mentalidade do "eu sei mais" é questionar o conhecimento sobre o qual se baseia a opinião da outra pessoa, ou seja, o objetivo é transformar a situação fazendo a outra pessoa admitir que a sua opinião se baseada em evidência insuficiente, ao mesmo tempo que preserva a capacidade de se manter na conversa. Para alcançar este objetivo, utilizamos o seguinte padrão:

"O que você sabe sobre...?"

Este padrão ameaça ligeiramente a base de conhecimento da pessoa e a obriga a compartilhar as referências em que seus argumentos se baseiam, o que frequentemente faz com que se deem conta de que sua forte opinião é infundada.

Vejamos alguns exemplos:

"O que você sabe sobre o nosso negócio e da forma como fazemos as coisas?"

"O que você sabe sobre todas as coisas que foram mudadas a partir de (inserir evento)?"

"O que você sabe sobre como as coisas realmente funcionam aqui?"

"O que você sabe sobre os benefícios de...?"

Estas perguntas permitem que a outra pessoa se dê conta de que sua opinião talvez não seja a correta, e podem rapidamente passar a ser muito mais receptivas à mudança, desde que não seja agressivo em seu modo de fazer esta pergunta, já que quando nos questionam, rapidamente nos colocamos na defensiva. Se você aplicar corretamente este padrão, o pior que pode acontecer é conhecer a verdadeira base dos argumentos da outra pessoa e depois você poderá expressar sua opinião. Use este padrão para desafiar os outros, com confiança, respeito e evite as discussões que sempre terminam com perdedores, já que, quando se trata de persuasão, ou todos ganham, ou todos perdem.

Em seguida, veremos um outro padrão para criar uma perspectiva.

CHAPTER 22
CRIANDO UMA PERSPECTIVA POSITIVA

E ste padrão de linguagem fornece uma ferramenta para converter uma percepção negativa em positiva, usando uma técnica chamada de rotulagem. É a aceitação desta nova rotulagem que cria a capacidade de mudar o rumo de uma conversa com um mínimo de esforço e a leva para um resultado mais positivo.

O padrão é o seguinte:

"A boa notícia é..."

Ao usar estas palavras antes de expor suas ideias, você garante que o destinatário tenha que aceitar a marca que você anexou e esta visão otimista pode ajudar a enfrentar a negatividade em sua vida, lhe poupará terminar em uma conversa de culpa e de autocompaixão e o ajudará a começar a olhar para uma nova direção.

Por exemplo, se um de seus amigos não tem certeza de que tem as habilidades necessárias para atuar com sucesso em um novo cargo a que foi promovido, você poderia dizer: "A boa notícia é que posso te recomendar um treinamento ideal para esse cargo, e você pode completá-lo em seu próprio ritmo para desenvolver todas as habilidades que precisa, para ter sucesso neste novo desafio".

O que acontece quando alguém que resiste à mudança, diz que quer ter mais sucesso? Neste caso, você pode responder com "A boa notícia é que você já sabe que o que está fazendo não está funcionando como deseja, então, o que você tem a perder ao tentar esta nova alternativa?"

Como você pode ver, este padrão de linguagem faz com que as pessoas mudem sua perspectiva e olhem para frente com otimismo, eliminando qualquer energia negativa da conversa, o que é particularmente útil, não apenas quando você quer conseguir algo, mas também quando simplesmente quer ajudar alguém a ver novas possibilidades.

Em seguida, veremos um método surpreendente de persuasão que tem demonstrado ser muito eficaz.

CHAPTER 23
O MÉTODO MAIS EFICAZ, EMBORA BARATO, PARA INFLUENCIAR

Existe uma técnica de persuasão pouco conhecida chamada "interrompe-então-reafirma", ou em inglês disrupt-then-reframe (DTR) que tem demonstrado ser muito eficaz e é importante que você conheça neste momento. No entanto, devo advertir o seguinte: A técnica DTR é mais um truque barato (embora efetivo) do que uma técnica, e pode ser considerada por alguns como moralmente questionável.

Este é o estudo original que deu início a esta linha de pesquisa. Davis e Knowles (1999) demonstraram a técnica DTR vendendo cartões de saudações de porta em porta para uma obra de caridade local e utilizaram duas estratégias diferentes.

Estratégia 1: Na condição "normal", disseram para as pessoas que o preço era 3 dólares por 8 cartas. Desta forma, conseguiram vender em 40% dos lares.

Estratégia 2: Na condição de DTR, primeiro disseram para as pessoas que o preço era de 300 centavos por cada 8 cartões e imediatamente disseram "Isto é uma pechincha!"

Desta forma, conseguiram que 80% das famílias comprassem os cartões.

É um grande efeito para apenas uma pequena mudança de palavras, mas como e por que isso funciona?

A técnica DTR funciona porque primeiro interrompe os processos de pensamento de rotina. Neste caso, a atenção das pessoas se distrai enquanto tentam processar este enigmático "300 centavos" e descobrir por que alguém menciona o preço, em centavos, em vez de em dólares. Após a interrupção, no entanto, vem as palavras "isto é uma pechincha!". Enquanto as pessoas se distraem com o preço fixo (por um ou dois segundos), é mais provável que simplesmente aceitem a sugestão de que as cartas são uma pechincha.

A interrupção só funciona por um segundo, o que, no entanto, deve ser feito imediatamente, antes de as faculdades críticas das pessoas voltarem a ser ativadas e você deve considerar que a interrupção só deve ser ligeiramente confusa e não um completo jargão.

Muitos poderiam se perguntar se este efeito foi pontual e se funcionaria em outros casos, por isso, a técnica DTR foi comprovada em 14 estudos diferentes com centenas de participantes (Carpenter & Boster, 2009) e foi demonstrado que fez as doações de caridade aumentarem, animou as pessoas a preencherem pesquisas e a mudarem suas atitudes. Ainda é surpreendentemente eficaz em situações de vendas onde as pessoas normalmente desconfiam deste tipo de travessuras. Portanto, mesmo que não deseje usar essa técnica, é útil que você a conheça.

Se um vendedor lhe diz algo confuso ("Novo carro, nova mulher") e rapidamente lhe golpeia com a sua nova abordagem ("Cá entre nós, este carro tem um valor incrível"), certifique-se de se dar um tempo antes de decidir. É surpreendente como uma manipulação disruptiva tão simples tenha o poder de nos confundir.

CHAPTER 24

COMO FAZER SUAS
SUGESTÕES SEREM ACEITAS

E sta técnica é conhecida como "uso de sugestões compostas" e baseia-se no princípio de consistência que você aprendeu na parte 2 do livro, que diz que faremos o possível para manter uma autoimagem consistente. Neste sentido, pesquisas têm demonstrado que uma vez que uma sugestão foi aceita pela mente subconsciente, se torna mais fácil de as sugestões adicionais também serem aceitas.

O processo é muito simples. Você só deve dizer alguma coisa com alta probabilidade de que a outra pessoa esteja de acordo e, em seguida, deve falar a sugestão que deseja implantar.

A estrutura é a seguinte:

<Sugestões, fatos ou opiniões facilmente aceitos> + <O que você quer que a outra pessoa pense ou faça>

Vejamos alguns exemplos:

"Você está descansando confortavelmente na poltrona. Vai ser bom entrar em um transe profundo.

"Saber se comunicar de forma eficaz é vital para os negócios, não é? Sua empresa precisa fazer este seminário para enfrentar estes tempos difíceis".

"Para ter sucesso em qualquer área da vida, é imperativo ter a capacidade de influenciar e persuadir pessoas. E para isso, é importante ter um método específico para fazê-lo. Este livro sobre padrões de linguagem contém esse método".

Este padrão de linguagem é muito simples e fácil de implementar. Não é necessário estender o seu conteúdo, então passaremos imediatamente para o seguinte padrão em que você aprenderá como apelar para a identidade das pessoas.

CHAPTER 25
APELANDO PARA A
IDENTIDADE DAS PESSOAS

Uma das formas mais poderosas de persuadir uma pessoa é apelar para a identidade de quem ela é, quem quer ser, ou quem não quer ser. Dale Carnegie, em seu famoso livro "Como fazer amigos e influenciar as pessoas", diz que devemos dar às pessoas uma reputação que se esforcem por manter, e demonstrou ter razão ao longo da história. Existem várias formas de fazê-lo e, em seguida, veremos um padrão de linguagem muito simples e eficaz para fazê-lo.

O padrão é o seguinte:

"Posso dizer que você é uma pessoa que <identidade> porque
<razão porque>"

Exemplos:

"Posso dizer que você é uma pessoa muito inteligente, porque você está lendo este livro".

"Posso dizer que você é uma pessoa que não quer ser parte do rebanho, porque está lendo isso".

"Eu sei que você é uma pessoa de padrões elevados, pois, do contrário, não estaria aqui".

Se você leu este livro na ordem, você vai se lembrar que a palavra "porque" é uma forma muito poderosa de persuadir, mesmo se a razão não tiver muito sentido. Isto se deve a que estamos "programados" para responder à palavra "porque". Este padrão é fenomenal, já que não só apela para a identidade de uma pessoa, mas também faz parte de um grupo desejado, outra grande ferramenta de persuasão, como vimos na segunda parte do livro, devido à necessidade de afiliação.

Uma variação do padrão consiste em usar as palavras "mente aberta". Se perguntar a uma sala com cem pessoas, quem se considera mente aberta, certamente mais de noventa pessoas levantariam a mão. Quase todos pensamos atender este critério e é bastante fácil de entender o porquê. Você se lembra do padrão de "a ilusão de liberdade e de escolha"? Neste caso, criamos uma percepção de eleição polarizada, e quando se considera que a alternativa é ser "mente fechada", essa escolha é quase uma garantia de que guiará a maioria das pessoas para a sua ideia.

Vejamos alguns exemplos de aplicação deste padrão:

"Quão mente aberta você é para testar esta nova alternativa?"

"Quão mente aberta você é para se dar uma oportunidade?"

"Quão mente aberta você é para aumentar seus rendimentos mensais, usando este método?"

"Você se sente tão mente aberta a ponto de considerar se podemos trabalhar juntos?"

Com as opções expressas desta forma, é muito difícil a outra pessoa rejeitar a sua ideia, e, ao menos, a faz se sentir obrigada a explorar a possibilidade.

Vejamos agora outra forma de apelar à identidade das pessoas. Este padrão é, possivelmente, um dos meus favoritos, porque pode ajudar a construir uma base de acordo, de forma fácil e rápida sobre a qual podemos apoiar posteriores mensagens persuasivas. Vale a pena mencionar que esta técnica é mais poderosa em uma conversa com um estranho do que com alguém que conhecido.

O padrão é o seguinte:

"Aposto que você é um pouco como eu".

Tal como vimos no padrão anterior ("Como fazer com que suas sugestões sejam aceitas"), a minha experiência me ensinou que quando você consegue um primeiro acordo com as pessoas, é mais difícil que esteja em desacordo posteriormente. Vejamos um exemplo:

Imagine que você tem medo que alguém apresente objeção à sua ideia, porque não tem tempo para demonstrar os seus benefícios. Para início de conversa você poderia dizer algo como ...

"Aposto que você é um pouco como eu e trabalha duro agora, consciente de que colherá resultados no futuro".

"Aposto que você é um pouco como eu e odeia ver televisão à noite, porque prefere trabalhar em algo que lhe traga benefícios".

"Aposto que você é um pouco como eu: uma pessoa ocupada que sempre faz malabarismos para dar conta de tudo".

Se você usa este tipo de declaração nas primeiras conversas enquanto mantém o contato visual com as pessoas, quando os vir acenar com a cabeça, sabe que estão de acordo com esses conceitos, e esse é o sinal de que será muito difícil contestarem suas ideias posteriores.

Agora, para finalizar este padrão, permita-me perguntar o seguinte: O quão mente aberta você é para testar este padrão de linguagem?

CHAPTER 26
COMO ALTERAR OU ENFRAQUECER CRENÇAS

A seguinte técnica tem 11 passos para substituir facilmente crenças negativas por crenças empoderadoras. Trata-se de uma técnica avançada de PNL que usa o conceito de ancoragem que você aprendeu na primeira parte do livro, por isso eu recomendo que a leia rapidamente, para que tenha uma ideia de como funciona, e então, quando desejar aplicar, volte a ler atentamente. Tal como acontece com a maioria das técnicas de PNL, você pode usar em si mesmo ou pode adaptar para aplicá-lo em outras pessoas. Portanto, em primeiro lugar, vamos ver como aplicar em você e, em seguida, adaptaremos estes conceitos para que você possa aplicar em outras pessoas.

Comecemos então.

Passo 1: Pense em uma crença limitante que lhe está causando dor ou fazendo com que deixe de fazer algo que sabe que deve fazer. Pense em um de seus objetivos e no que está evitando (mentalmente) que o alcance. Por exemplo, "Eu sei que deveria me exercitar mais, mas eu tenho a crença de que o exercício pode me machucar, então eu prefiro não fazê-lo".

Passo 2: Pense em uma crença empoderadora que seja o oposto da crença negativa identificada na etapa anterior. Se já não quer manter essa crença negativa, o que você gostaria de acreditar? Continuando com o exemplo, "Com exercícios regulares ficarei mais forte, mais atraente e será menos provável que eu me lesione". Evidentemente, esta é uma opinião mais positiva e saudável.

Passo 3: Pense em algo que nunca faria. Algo como empurrar uma pessoa em frente a um ônibus, esmagar seu dedo em uma porta, colocar um cigarro em seu ouvido, etc., algo que gere uma forte reação NÃO, NUNCA! Sinta isso realmente em seu corpo.

Passo 4: Quebre o estado. Levante, caminhe alguns segundos e limpe a sua mente.

Passo 5: Pense em algo que queira absolutamente, como ser um milionário, um buffet de sua comida favorita, fazer amor, etc., neste ponto quer gerar uma forte reação SIM, DEFINITIVAMENTE! Siga pensando nisso até que você realmente sinta a emoção em todo o seu corpo.

Passo 4: Quebre o estado novamente. Levante, caminhe alguns segundos e limpe a sua mente.

Passo 7: concentre-se em suas crenças negativas, e à medida que o faz, sinta as emoções desse forte NÃO! Sinta realmente esse NÃO! e o associe com a sua crença negativa. Realize este passo várias vezes.

Passo 8: Quebre o estado novamente.

Passo 9: Agora pense em sua crença positiva empoderadora. À medida que você pensa no grandioso do que será essa nova crença em sua vida, reviva as emoções desse forte SIM, DEFINITIVAMENTE! Em outras palavras, à medida que considera a crença positiva, diga (mentalmente ou em voz alta) SIM, DEFINITIVAMENTE!

Passo 10: Quebre o estado novamente.

Passo 11: Experimente e se projete no futuro. Pense em ambas as crenças e veja se se sente diferente. Será que a crença negativa enfraqueceu? A positiva ficou mais forte?

Agora, pense no amanhã, na semana seguinte, no mês seguinte, no ano seguinte. Como você sente que será sua vida com esta nova crença empoderadora?

As técnicas de fixação são muito poderosas se forem executadas com êxito e, em seguida, você vai aprender como pode usar, de forma dissimulada, uma versão resumida desta técnica para mudar as crenças de outras pessoas.

Michael Hall, um dos pioneiros na massificação da PNL, usa esta técnica em seus clientes. Vamos supor que você esteja conversando com um amigo, solteiro, que sente medo de se aproximar das mulheres que lhe atraem e queira ajuda-lo a vencer isso.

A primeira coisa que você deve fazer é gerar uma forte resposta "NÃO!", e para isso diga frases como: "Eu aposto que você gosta de estar sozinho, jantar sozinho, acordar todo dia e não ver ninguém...", " Eu acho que você gosta de não ter ninguém a quem abraçar e com quem compartilhar a sua vida...", "Aposto que você gostaria de estar só em seu leito de morte, sem ninguém por perto, não é?".

Em seguida, você precisará gerar uma forte resposta de "SIM!", e para isso dirás frases como: "Você gostaria de ter uma mulher especial em sua vida?", "Você pode imaginar o quão bom seria encontrar a sua alma gêmea?", "É fácil pensar em quão maravilhosa é a vida, uma vez que você encontra uma grande companheira, não acha?".

Normalmente, estas perguntas por si só, são suficientes para mudar o comportamento ou crenças das pessoas. No entanto, a partir deste ponto, você estará numa melhor posição para persuadi-lo e ajudá-lo a tomar atitudes que serão mais benéficas. Então, agora é sua vez de pensar: Qual a ação que você gostaria que o seu amigo tivesse? Ir a um encontro às cegas? Marcar um encontro com aquela garota que conheceu no trabalho? Quais você acha que serão suas objeções contra essa ideia? Qual das técnicas que aprendeu até agora você vai usar para convencê-lo? De que forma você vai expor as alternativas que ele tem, de maneira que escolha o que deseja?

Por um momento pense neste cenário. Tente resolvê-lo. Reveja mentalmente o que você aprendeu até agora e tente chegar a uma possível estratégia para persuadir seu amigo. A única maneira de dominar tudo o que você aprendeu é usar esse conhecimento. Não tenha medo de errar. Jogue com o que você sabe. Poderia continuar escrevendo para tentar resolver tudo por você, mas sabemos que isso não vai lhe ajudar. Você já tem o conhecimento que necessita, agora deve pensar e fazer uso dele.

Mas isso não acabou. Ainda nos resta aprender mais um padrão. Em seguida, aprenderemos a "abrir" a mente das pessoas.

CHAPTER 27

COMO "ABRIR" A MENTE DAS PESSOAS

Algumas vezes tudo o que você precisa para que alguém mude de opinião, é apenas dar um impulso. Este impulso pode ser obtido usando um "operador modal de possibilidade" e uma tarefa quase impossível. Parece complicado? Continue lendo e você entenderá melhor.

O padrão de linguagem é o seguinte:

"Se eu fizesse <tarefa impossível>, você estaria disposto a ouvir?"

A tarefa impossível pode ser qualquer coisa, desde adivinhar um número de 1 a 100, até adivinhar a próxima música que vai tocar na rádio. Não importa. O importante aqui é que você estará conseguindo um acordo, e esse acordo mostra que existe uma parte na outra pessoa que está disposta a mudar.

Outra técnica muito popular é conhecida como "pé na porta". Como seu nome indica, a técnica do "pé na porta" faz com que a pessoa aceite um grande pedido ao fazermos, primeiro, um pequeno pedido. Em outras palavras, você começa ganhando um pequeno "sim" e, em seguida, você recebe um "sim" maior. Isso funciona através do princípio de consistência que aprendemos na parte 2 do livro (se não lembra, é uma boa ideia ler novamente).

Um estudo emblemático para verificar esta técnica foi realizado por uma equipe de psicólogos, que perguntou a um grupo de donas de casa se podiam responder a algumas perguntas sobre os diferentes produtos que usavam. Então, meia semana depois, os psicólogos chamaram novamente para pedir uma revisão de duas horas dos produtos que tinham em sua casa, o que faria enviando de cinco a seis homens a sua casa para abrir todos os armários. Qual foi o resultado? Os pesquisadores descobriram que essas mulheres tinham o dobro da probabilidade de aceitar que se realizasse uma "invasão" em sua casa, em comparação com o grupo de donas de casa em que apenas se lhes havia realizado o pedido maior.

A técnica do "pé na porta" é muito bem ilustrada com algumas histórias. A primeira história, intitulada "O biscoito e o rato", pode ser resumida da seguinte forma:

Era uma vez, um garoto que deu uma bolacha a um rato. O rato, em seguida, pediu um copo de leite. Agora o rato pediu um canudo para beber o leite. Desejando evitar a marca de um bigode de leite, o rato pediu um espelho. Em frente ao espelho, decidiu cortar o cabelo, por isso que pediu uma tesoura de unhas. Então, para varrer o cabelo pelo chão, o rato pediu uma vassoura. Sentindo-se um pouco cansado, agora o rato queria que lesse uma história, tirar um cochilo, fazer um desenho e pendurar o desenho na geladeira. A visão do refrigerador fez com que o rato tivesse sede, por isso pediu um copo de leite. O rato, então queria uma bolacha para comer com leite, repetindo o ciclo mais uma vez.

A história a seguir, em que se faz uso de uma variante da

técnica do "pé na porta", é conhecida como a "sopa de pedra", de George Patton. A sopa de pedra é uma velha história folclórica que fala de um vagabundo que estava viajando por uma cidade durante um período de fome do pós-guerra. A escassez de alimentos significava que todos os habitantes do povo escondiam e cuidavam zelosamente seus alimentos, por isso, quando o vagabundo ia de porta em porta pedindo comida, não recebia nada. Então, o vagabundo decide fazer uma abordagem diferente. Ele retira de sua bolsa uma grande panela de aço e uma pedra. Em seguida, encher a panela com água, ferve e coloca a pedra dentro. Os moradores, curiosos, lhe perguntaram o que estava fazendo. "Estou fazendo uma sopa de pedra", respondeu o vagabundo.

O vagabundo fala que certa vez provou a sopa de pedra com cenouras, e ficou deliciosa. Em seguida, pergunta se poderia ter algumas cenouras para adicionar à sopa e assim dar um pouco de sabor. Um dos moradores, muito curioso, vai procurar uma cenoura e dá a ele para sua sopa de pedra.

Em seguida, o vagabundo fala que uma vez provou a sopa de pedra com algumas cebolas, e disse: "Oh menino, foi a sopa de pedra mais saborosa que já provei". Em seguida, pede aos moradores algumas cebolas e, curiosos, vão buscar cebolas. Isso continua com o vagabundo conseguindo e adicionando à sopa algumas batatas, tomates, nabos, pão e carne. Ao final, o vagabundo tira escondido a pedra original e fica com uma panela de sopa legítima.

A moral da história é, em certo sentido, semelhante à história do biscoito e o rato, mas onde entra Patton neste conto?

A lenda diz que depois de ter ouvido esta história, o general George Patton, um dos principais generais da Segunda Guerra Mundial, se inspirou para usar uma técnica similar durante os tempos em que recebeu a ordem de se colocar na defensiva, em vez de na ofensiva.

Patton, chateado por ter recebido a ordem de manter uma "defesa agressiva" em vez de atacar diretamente com armas pesadas, cumpriu a ordem, mas ordenando um reconhecimento com tanques. Inevitavelmente, precisariam de reforços para acompanhar os tanques, para o qual precisaria levar, progressivamente, mais e mais unidades. Eventualmente, um corpo completo do 3º exército se comprometeu em missão de reconhecimento, que era o que ele queria". Portanto, se você tem um grande pedido que precisa que alguém atenda, pode aumentar suas chances de sucesso se primeiro fizer com que aceitem uma solicitação menor, devido ao princípio da consistência.

Agora veremos uma técnica que é basicamente o oposto e é conhecida como "porta na cara". Funciona assim: você faz um grande pedido que espera que a pessoa rejeite, e depois faz um pedido mais moderado e razoável, o que será provável que aceite.

O nome de "porta na cara" se refere à grande solicitação inicial que provavelmente seja recusada, como uma metáfora a porta na cara.

Um estudo que investigou a eficácia da técnica da porta na cara, dividiu os participantes em dois grupos. Ao primeiro grupo foi solicitado que se oferecessem como voluntários para passar duas horas por semana assessorando delinquentes juvenis, durante dois anos (solicitação grande). Depois de rejeitarem, foi-lhes solicitado que acompanhassem estes delinquentes juvenis em uma viagem ao jardim zoológico por um dia (pedido pequeno). Os participantes do segundo grupo receberam a pequena solicitação.

Quais os resultados? 50% dos participantes do primeiro

grupo concordaram com o pequeno pedido, em comparação com apenas 17% do segundo grupo.

Esta técnica é baseada na nossa tendência natural a confiar demasiado na primeira informação que encontramos quando tomamos decisões. Isso, quando falamos de persuasão, é chamado de "âncora". Por exemplo, imagine que você entra em um local de carros usados e vê um automóvel semelhante ao que procura com um preço de US $10.000 dólares. Quando o vendedor tenta lhe vender um automóvel que custa US $7,000 dólares, parece um preço razoável ou até barato, mesmo que continue sendo mais alto do que realmente o automóvel vale. Portanto, foi estabelecido a âncora e você julga tudo o mais em função desse parâmetro.

Isso é o que faz com que a técnica da porta na cara seja tão eficaz. Uma vez que a âncora foi estabelecida com o grande pedido inicial, o segundo pedido menor parece mais razoável e moderado.

Este é o último padrão que veremos individualmente. Em seguida, você aprenderá como usar estes padrões em roteiros e, em seguida, veremos como converter estes roteiros em conversas.

CHAPTER 28
"ROTEIROS" PARA ACELERAR
O SEU PROGRESSO

A verdade sobre todos esses padrões de linguagem é que não existe um único padrão mágico que automaticamente dará os resultados que você quer, o que faz com que isso funcione é que você tem um processo e uma sequência de padrões que orientam as pessoas para os resultados desejados.

Você deve dispor de um arsenal de padrões de linguagem que possa usar, naturalmente, em suas conversas, e isso é o que faremos agora. Até este ponto, vimos os padrões separadamente, mas agora, vamos começar a juntar as peças para que possa criar sequências de padrões persuasivos.

Nesta lição, vamos nos concentrar em reunir os padrões em poucos parágrafos e roteiros para que, em seguida, na próxima seção, possamos usá-los em conversas mais elaboradas. A ideia é treinar o seu cérebro a pensar estrategicamente sobre a persuasão e em como influenciar sem que tenha que se preocupar com padrões específicos de linguagem.

Neste ponto, algumas pessoas poderiam pensar que não

veem a relevância dos roteiros e que preferem praticar diretamente no fluxo de uma conversa. Se você também acha isso, estaria de acordo com você, pois não se trata de memorizar roteiros, mas, sim, de aprender como funciona a linguagem persuasiva para construir uma biblioteca de frases úteis em sua mente e praticá-las em um contexto real. Ao usar esta abordagem, rapidamente você vai aprender a integrar os padrões, fazendo deles uma parte natural de sua linguagem, e também começar a pensar estrategicamente para aplicar sequências completas de padrões.

Então, vejamos agora uma aproximação estratégica. Quero que você comece a pensar na sequência de representações internas pelas quais fará viajar o "sujeito". Usamos o termo "sujeito" ou "prospecto" indistintamente para se referir à pessoa que você quer persuadir.

Digamos que você está escrevendo um discurso de vendas para um curso de desenvolvimento pessoal e acabou de desenvolver e já bombardeou a vários prospectos com enormes quantidades de benefícios do curso, mas não obteve o efeito desejado. O que você pode fazer agora?

Vejamos uma possível sequência que você poderia fazer:

1. Gerar interesse / Antecipação.

2. Reconhecer as suas necessidades.

3. Estabelecer os benefícios de satisfazer essas necessidades, incluindo uma visão do futuro com maiores benefícios.

4. Entusiasmo de atender a essas necessidades.

Por favor, note que este não é um processo de vendas como tal, mas apenas uma maneira de pensar sobre a jornada emocional pela qual fará a pessoa passar. Então, se nós adicionarmos um pouco mais de detalhes, a estrutura da conversa ficaria assim:

1. Você fará um breve relato de outra pessoa que está obtendo resultados incríveis (só o resultado, não como

conseguiu), e você terminaria com uma frase do tipo "O que você gostaria de alcançar?"

2. Você fará perguntas com pressuposições sobre o que o detém para alcançar seu objetivo e as implicações de se manter em uma mesma situação.

3. Diga frases de visão do futuro relacionadas com ter as ferramentas para fazer as coisas de forma diferente e sobre como isso poderia melhorar a situação dele no futuro.

4. Associe todos esses sentimentos ao produto ou a ideia que você está apresentando.

Muito bem, agora processe por um momento. Pense em alguma situação particular de sua vida em que você queira convencer alguém, para que faça ou compre algo.

O fez?

Lembre-se que a única maneira de interiorizar e aprender novas informações é aplicando em casos reais. Eu poderia conceber os exemplos mais recentes para apresentar essa informação, mas se você não os interiorizar, em poucos dias, os esquecerá.

Bem, continuemos com o exemplo. Desenvolva um pouco mais o roteiro para que você tenha a ideia completa:

1. Já conheceu a Andrea? Ela conseguiu realizar seu sonho de viajar e fazer documentários pelo mundo. Inclusive, foi patrocinada por uma marca esportiva. Na semana passada, esteve no deserto do Saara. É incrível que a única coisa que ela precise fazer é pensar em seus sonhos e, em seguida, executá-los.

2. Não seria surpreendente se você também pudesse alcançar seus sonhos? Se pudesse fazê-lo, qual sonho tornaria realidade? O que é importante para você em relação a...? [Insira aqui as suas respostas]. Não sei se você já pensou, mas desde jovem, teve todos esses planos, sonhos, ambições e, à medida que amadureceu, ainda não está

caminhando para conseguir as coisas que quer. O que lhe impede neste momento de ir atrás de seus sonhos? [Neste ponto, você deve aumentar os sentimentos negativos, tais como chegar ao final da vida com ambições não cumpridas, imaginar o último minuto de vida e pensar em todas as coisas que poderiam ter feito, etc., faça isto com cuidado e não se aprofunde tanto, já que todos nós preferimos os pensamentos felizes].

3. O que Andrea fez foi apenas uma pequena mudança em seu pensamento e começou a fazer as coisas que sempre quis, mas não sabia como. De forma incrível, ela conseguiu deixar todos os seus medos e erros no passado. Você também pode mudar as suas crenças, aumentar sua auto-confiança e se motivar para fazer as coisas que sempre quis. [Note a mudança de "Andrea" para "você". Parece óbvio, mas ele não notará]. Como você se sentiria se pudesse deixar seu passado e abraçar o futuro, de forma que pudesse fazer as coisas que sempre quis? [Enfatize isso tanto quanto quiser e, provavelmente, a melhor forma de fazer isso é através de perguntas... Como você se sente? O que você veria? O que você diria?]

4. No entanto, o tema não é sobre Andrea alcançar estes resultados magníficos, mas que você também pode aprender a fazer o mesmo. Gostaria de conhecer o curso em que Andrea aprendeu a mudar a sua mentalidade de tal forma que lhe permitiu conseguir tudo isso?

Você deve ter percebido que este não é um roteiro de vendas. Só é uma viagem emocional para o seu prospecto e algumas ideias de como usar a linguagem. Você pode fazer este roteiro muito mais avançado, se elaborarmos as obje-ções que podem surgir e, se você já conhece o prospecto, você pode integrar sua linguagem e interesses, em seu discurso.

Agora chegou o momento de pensar no processo e praticar mentalmente. O objetivo aqui é pensar em termos de sequências de representações internas e em como a linguagem persuasiva está em tudo isso.

Em seguida, tomaremos o script que você acabou de aprender e converteremos em uma conversa persuasiva.

CHAPTER 29

AVANÇANDO DE MONÓLOGOS PARA CONVERSAS PERSUASIVAS

Até agora você aprendeu padrões de linguagem independentes e revisamos um roteiro, ou monólogo, mas a realidade é muito mais complexa. Às vezes, basta plantar uma semente de um pensamento na mente da outra pessoa para que faça o que você quer, mas, em geral, a persuasão não é um monólogo, mas um processo de duas vias, que envolve ambas as partes. Em uma conversa, a outra pessoa deve ter a oportunidade de falar e, portanto, temos que ser capazes de conectar nossos padrões com o que ela está dizendo. No entanto, esta parte do processo de persuasão não tem que ser complicada e, de fato, é uma das mais simples, já que aproveita o conhecimento que você já adquiriu.

Neste ponto, nós deveríamos ser capazes de pensar em outro nível e começar a ser conscientes das sequências de representações internas da outra pessoa, da viagem emocional, pela qual a faremos passar e os resultados específicos que buscamos. Em outras palavras, você deve gerenciar a conversa, e um bom processo mental para fazê-lo é o seguinte:

1. **Informe:** Fazer uma frase.

2. **Convide:** Pedir uma resposta.

3. **Conhecimento:** Certifique-se de que a outra parte saiba que você está ouvindo.

Por exemplo:

- Informe: "Gabriel sempre faz festas interessantes".

- Convide: "Como o conheceu?"

- Conhecimento: "Você o conhece do trabalho".

- Informe: "Gabriel me contou que trabalham em uma ótima empresa."

- Convide: "O que você faz especificamente lá?".

- Conhecimento/Informar/Convidar: "Trabalho Interessante, você tem muita sorte. Como você conseguiu?"

E assim por diante. Esta é uma conversa típica, e você poderia estar pensado no porque estou separando. A resposta é que eu preciso separar as partes, para que possamos introduzir vários roteiros e manter o fluxo. Agora vamos voltar a rever a conversa, mas desta vez vamos adicionar algumas mudanças de estados e padrões de linguagem.

Lembre-se que, no exemplo anterior, comecei a conversa dizendo "Gabriel sempre faz festas interessantes"? Desta vez vou começar de outra forma:

"É sempre um prazer quando Gabriel me convida para uma de suas festas, porque eu sei que você conhecerá pessoas interessantes".

Certamente a primeira coisa que detectará é a mudança de índice referencial. Passei de falar da minha pessoa para falar de você. Agora continuemos com o exemplo e vejamos outros comandos embutidos que uso normalmente. Para que você possa perceber facilmente.

- Informe: "Como você conheceu Gabriel?".

- Conhecimento: "Pelo que me contaram, deve ser um ótimo lugar para trabalhar".

Informar: "Parece ser um lugar com muitas pessoas legais. Gosto de lugares em que você pode se entusiasmar e apaixonar pelo que faz".

- Convidar: "O que você faz, o que realmente te apaixona?"

- Conhecimento: "Não havia notado o quão gratificante pode ser."

- Informe: "Lembro-me de ter lido que a paixão, como qualquer outro estado emocional, leva tempo para chegar à sua máxima expressão. Comigo é um processo lento. Quando vejo algo pela primeira vez, acho que gostarei, então começo a pensar no que tem de interessante e o sentimento começa no meu estômago e se torna mais e mais intenso, até que, em seguida, você acaba agindo por impulso".

É muito simples, você não acha? As coisas não precisam ser complicadas para ser eficaz. Tudo o que você deve fazer em uma conversa é ser consciente do bloco em que está e usá-lo para construir o bloco seguinte. Comece a praticar em suas conversas diárias, mas, antes, deixe-me dar-lhe uma recomendação: concentre-se primeiro em dominar o processo de três passos (informar, convidar, conhecimento) para guiar a conversa, antes de tentar inserir padrões de linguagem. Veja como, com um pouco de prática, você pode direcionar uma conversa naturalmente. Eu garanto que dentro de poucos dias você estará familiarizado com o processo, irá adicionar alguns padrões e vai notar as reações que consegue. Elimine todas as expectativas e apenas observe o que acontece. A ideia é que você jogue, pratique, e, à medida que vai construindo a sua biblioteca de padrões, automaticamente começará a conduzir as conversas na direção que quiser.

Em seguida, mostrarei uma versão do meu processo

particular de vendas com explicações de alguns elementos de PNL. Espero que ao ler o meu processo você possa criar as suas próprias ideias e compreender como integrar os diferentes elementos que aprendeu. Embora esteja focado em vendas, você pode adaptar a um processo genérico de persuasão se quiser e, de fato, será um excelente exercício se apropriar deste conhecimento, e tentar aplicar a alguma situação particular em sua vida.

A persuasão começa desde o momento em que eu digo a primeira palavra, ao meu prospecto. Você está de acordo? Bem, eu não estou. Tudo começa antes de encontrar com o prospecto. Antes de sequer dizer uma palavra, eu devo estar seguro de ter a mentalidade certa, e uso posições perceptivas para entrar em sua mente e entender como pensa. Neste exercício, imagino a mim mesmo como se fosse meu prospecto, seja um grupo de pessoas, um indivíduo ou uma organização. Obviamente, quanto mais você conhece, mais fácil e mais preciso será, mas mesmo se não tiver ideia de quem é a pessoa envolvida, sempre faço esse passo. Desta forma, minha mente inconsciente tenta pensar como os outros. Neste exercício, procuro compreender as suas crenças, valores, problemas e benefícios no contexto em que eu quero que eles façam. Basicamente, construo o rapport antes mesmo de conhecê-los e, acredite, isso ajuda muito no contexto da persuasão.

Para isso me faço algumas perguntas:

Eu conheço o meu produto, a partir da perspectiva do prospecto?

Quais problemas tem ou precisa resolver?

Quais resultados pode esperar?

Como eu tenho que articular os benefícios do meu produto para que seja significativo para o prospecto?

Com isso em mente, chega o momento do início da

reunião. Nesta fase, devo construir confiança, utilizando os padrões que temos visto neste livro. Sempre me esforço para iniciar uma reunião com o foco nos pontos de acordo, e se não há acordos, uso o padrão de linguagem "marcos de acordo" para estar de acordo com tudo e ao mesmo tempo manter minhas opiniões. Você se lembra?

É importante que, desde o início, ofereça um incentivo ao prospecto para que se interesse e se mantenha na conversa. Normalmente, as pessoas não investem seu tempo em algo que não lhes produza um benefício. Não me refiro necessariamente a um benefício econômico, pode ser simplesmente passar um momento agradável. No caso das vendas, é muito fácil, já que as pessoas gostam de saber coisas de graça, mas, independentemente do que é oferecido, sempre uso padrões de linguagem para criar e estabelecer expectativas.

Faço perguntas para encontrar as necessidades do cliente e entender como o mundo é representado. Obviamente as questões se baseiam no contexto em que se encontra, mas veremos algumas perguntas que faço no contexto da venda de cursos de desenvolvimento pessoal:

"O que você se vê fazendo daqui a 5 anos?"

"O quanto você acredita nisto?"

"Quais as competências, habilidades e a mentalidade que deveria ter para aumentar suas chances de atingir seu objetivo?"

"O que acontecerá se não conseguir estas mudanças?"

"Quais são os benefícios que isso lhe trará?"

"Por que é importante que você alcance isso?

Qual o valor que você dá a estas novas crenças e mentalidade que lhe permitirão atingir seus objetivos?

Observe a sequência destas perguntas, e observe que são pressuposições. Elas estão especificamente nesta ordem para que o cliente avance desde identificar suas necessidades até as consequências de suprir ou não essas necessidades.

Se o cliente não tem uma necessidade, ou não associa um valor maior do que o preço para a solução, melhor me distanciar e continuar procurando, pois este não será meu cliente.

O próximo passo é unir minhas soluções às suas necessidades.

Uma vez que o meu cliente esteja ciente de suas necessidades e reconheça a importância de satisfazer essas necessidades, apresento meu curso como uma solução.

Quando você estuda PNL tudo isso pode parecer um pouco complicado, e entendo, porque eu também passei pelo mesmo. Muitos praticantes começam a falar com padrões de linguagem, a ancorar emoções positivas ao seu produto e estados negativos ao produto da concorrência, a usar diferentes técnicas de PNL, etc. Pessoalmente, acho que não é necessário complicar as coisas.

A beleza está na simplicidade e penso que, se você fizer as perguntas em uma sequência significativa, de acordo com o que aprendeu neste livro, e apresentar as suas soluções também de uma forma significativa, você pode manter as coisas simples e obter os resultados que deseja.

Isso não quer dizer que você deve evitar a todo custo o uso de técnicas avançadas de PNL, apenas quer dizer que a minha experiência me mostrou que, se domino os fundamentos básicos, tudo sairá bem, mas se me equivoco no básico, mesmo as técnicas mais avançadas de PNL não servirão.

Vejamos em seguida como lidar com um dos maiores obstáculos, quando se trata de persuadir: As objeções.

CHAPTER 30
LIDAR COM AS OBJEÇÕES

As objeções são parte da vida cotidiana. Enfrentamos a indecisão dos outros na nossa vida pessoal e profissional e, muitas vezes, temos que nos resignar a aceitar a ideia de outra pessoa, caso contrário, essas conversas podem se converter em confrontos.

Para superar uma objeção, devemos primeiro entender o que é uma objeção. O primeiro conceito chave está em compreender que uma objeção, é simplesmente uma forma de deixar a decisão para outro dia, e não necessariamente um "não" absoluto. O segundo conceito-chave que devemos entender é que, quando se apresenta uma objeção, ocorre uma mudança no controle da conversa, e é a pessoa que levanta a objeção que toma o controle e você fica obrigado a responder aos seus desejos ou a se retirar.

Para ter sucesso em nossas tentativas de persuasão devemos manter o controle da conversa, e a pessoa que tem o controle sempre é a pessoa que formula as perguntas, portanto, ao tratar de cada objeção como nada mais que uma pergunta, você pode rapidamente recuperar o controle, respondendo com outra pergunta.

Por exemplo, algumas objeções comuns incluem...

"Não tenho tempo".

"Não é o momento certo".

"Eu não tenho dinheiro neste momento".

"Eu preciso falar com outra pessoa antes de tomar esta decisão".

O pior que você pode fazer quando receber uma objeção desse tipo é responder com um contra-argumento e fazer declarações que combata a opinião da outra pessoa. A melhor maneira de abordar de maneira eficaz cada uma dessas objeções é fazer uma pergunta na direção oposta.

Claro, você poderia desenvolver perguntas únicas e precisas para desafiar cada objeção que enfrentar, mas a beleza deste padrão de linguagem é que usa uma pergunta genérica. O padrão é o seguinte

"O que faz você dizer isso?"

Esta mudança de controle agora deixa a outra pessoa obrigada a dar uma resposta para completar os espaços vazios em sua declaração anterior e explicar o que realmente quer dizer. Também impede que você tenha preconceitos ou entre em uma discussão, e ajuda a entender melhor o ponto de vista dele antes de recomendar um próximo pensamento ou ação. Isto lhe deixa em uma posição em que pode pensar melhor seus próximos movimentos, ou, pelo menos, você terá uma melhor compreensão do porquê não está de acordo neste momento.

Vejamos agora um outro padrão muito eficaz que você pode usar imediatamente para obter resultados frente às objeções. Trata-se de uma pergunta muito direta.

"O que eu tenho que dizer ou fazer para que faça (x)?"

Onde (x) é o que você quer que a outra pessoa faça.

Esta pergunta é, na verdade, um processo de pensamento. E permite que você descubra os critérios que a pessoa precisa para que faça o que você quer.

Talvez você esteja se perguntando: "Mas e se eu não gostar da resposta?"

A verdade é que a resposta não importa. O importante aqui é que você terá aberto uma possibilidade de acordo sobre a mente subconsciente da outra pessoa, porque está pressupondo que existe algo que possa fazer.

Por exemplo, em uma conversa para um encontro:

"O que preciso fazer para que tenhamos um encontro?"

"Não teremos um encontro porque você não me atrai fisicamente."

"Estou de acordo em que não sou fisicamente atraente, mas a questão não é a minha aparência, mas o quanto nos divertiremos."

Em um diálogo de vendas:

"O que devo dizer para que você decida comprar o produto hoje?"

"Você teria que me dizer que eu posso levar de graça"

"A questão não é o custo do produto, mas quanto vai custar não tê-lo. O que você precisa que eu faça para que perceba quanto está perdendo por não adquirir o produto?"

Portanto, como você pode ver, o objetivo de lidar com as objeções é não aceitar um "não" como resposta. Vejamos agora um outro padrão para alcançá-lo.

Imagine que você pede um favor e lhe respondem com um sonoro "não". O que você faz agora?

De acordo com dois experimentos conduzidos por Boster e seus colegas, você deve perguntar "Por que não?" e, em seguida, tentar lidar com as objeções (Boster et al., 2009). A chave está em transformar o "não" de uma rejeição retumbante em um obstáculo a superar. Se você pode lidar com o obstáculo, de acordo com a teoria, é mais provável que lhe concedam o pedido. Para futura referência, chamaremos a esta técnica, a técnica do "Por que não?"

Boster e seus colegas testaram a técnica do "Por que não?", comparando-a com os seguintes métodos bem estabelecidos para obter o cumprimento de uma solicitação (reconhecerá que já aprendeu estes dois métodos):

Porta na cara ou a "Door-in-the-face" (DITF): Primeiro você faz um pedido muito grande que é facilmente rejeitado. Aqui é onde você leva metafórica a porta na sua cara. No entanto, em seguida, continue, de imediato, com um pedido muito menor que agora, comparativamente, parece muito razoável. Demonstrou-se que isso aumenta substancialmente a aceitação.

Informações de Placebo (IP): Esta técnica é quando você dá a alguém um motivo para fazer algo, mesmo que não seja um motivo muito bom, por exemplo, recorde da experiência da fotocopiadora que vimos, em que, para as solicitações pequenas a aceitação aumentou de 60% para 90%.

Para testar estes três métodos, os pesquisadores pediram a 60 transeuntes aleatórios que cuidassem de uma bicicleta por 10 minutos. Os resultados foram que 20% das pessoas cumpriram a solicitação ao usar a técnica DITF, 45% com o uso da técnica PI, e 60% com o uso da técnica "Por que não?". Estatisticamente, o método do "Por que não?" venceu a técnica DITF e foi tão bom quanto o IP.

Esta pesquisa não nos permite saber por que a técnica do "Por que não?" funciona tão bem em algumas situações, mas Boster e seus colegas sugerem que é pela persistência do requerente. As solicitações reiteradas dão a impressão de urgência e isso pode apelar para a culpa ou a simpatia das pessoas.

No entanto, a minha explicação favorita tem a ver com a dissonância cognitiva. Isso tem a ver com o fato de que tentamos evitar as inconsistências no nosso pensamento que nos causam angústia mental. É dissonante não atender um pedido após as objeções terem sido efetivamente resolvidas. Afinal, se não há razão para não fazer, por que não fazê-lo?

Embora este experimento não prove, estas técnicas podem ser ainda mais poderosas quando usadas juntas, especialmente o "Por que não?", que você pode usar com quase qualquer coisa. O único inconveniente do "Por que não?" é que ele requer inteligência para dissipar as objeções. Mesmo assim, antecipar as objeções é uma parte padrão de negociação, e você poderá se preparar antecipadamente. Pode parecer descarado continuar perguntando "Por que não?" quando a pessoa nega, mas esse experimento sugere que pode ser uma forma poderosa de conseguir que atendam a seus pedidos.

CONCLUSÃO

Este livro deve terminar aqui, mas não está terminado, em absoluto. Aqui é onde eu deixo a cadeia de pensamento, agora é o seu dever desenvolvê-la à sua própria maneira, e para seu próprio benefício.

Nunca devemos esquecer que as palavras são poderosas. Depois de tudo, foi a linguagem que nos levou ao topo da cadeia alimentar em primeiro lugar. No mundo de hoje, mais uma vez, são as nossas palavras que nos levarão ao topo de nossa cadeia alimentar no pessoal, no trabalho e na vida. As habilidades de comunicação são mais poderosas que qualquer outra habilidade que possamos desenvolver. As palavras inspiram. As palavras que vendem. As palavras se conectam. De fato, os assinantes da Harvard Business Review avaliaram a capacidade de se comunicar como "o fato mais importante que faz com que um executivo seja promovido", mais importante até do que a ambição, a educação, o trabalho árduo e até as habilidades técnicas.

Tragicamente, as habilidades de comunicação estão desaparecendo a um ritmo alarmante. Quer seja ou não, pelo aumento do uso da tecnologia e a diminuição das interações face a face, as investigações demonstraram que somos mais narcisistas hoje, do que em qualquer momento da história humana registrada. Passamos uma média de sete horas e meia por dia diante de uma tela e o desejo de nos conectarmos está desaparecendo.

Quando as pessoas se comunicam, acontecem coisas maravilhosas. É por isso que o mundo precisa de mais pessoas que saibam conduzir os outros à ação. Precisamos de líderes que possam motivar, envolver, influenciar e inspirar. E, o mais importante, precisamos de mais pessoas que saibam como usar o poder dos padrões de linguagem para superar as diferenças e se conectar com quem os rodeiam.

Agora que a ciência nos permitiu vislumbrar como as nossas palavras realmente afetam os cérebros das pessoas que nos cercam, podemos ser catalisadores de decisões mais eficazes e começar a formar conexões mais bem-sucedidas. Você já tem as ferramentas. A única pergunta agora é, será que está disposto a fazer uso delas?

A única forma de fazer com que tudo isso funcione é sair e praticar. Deixe o medo, as dúvidas, as expectativas e apenas saia e se divirta usando os padrões que você aprendeu. Eu garanto que assim que você relaxar, começará a obter os melhores resultados. Quando praticar, mantenha as coisas simples, e use frases tão curtas quanto possível.

Obrigado por ler este livro. Certamente você é uma pessoa inteligente, e isso me agrada. Não sei se já começou a perceber como é grandioso ser dono deste poder.

Te desejo muito sucesso.

SOBRE O AUTOR

Steve Allen é um pseudônimo que comecei a usar quando comecei a escrever sobre minha vida no meu blog pessoal, como uma espécie de terapia. Eu fiz isso porque eu queria manter um véu de anonimato, e eu prefiro manter assim. Talvez já tenhamos atravessado a mesma rua ou mesmo nos encontramos pessoalmente, e isso me emociona muito. Sempre escrevi sobre as ferramentas e técnicas que usei pessoalmente para alcançar o tipo de sucesso que almejei na minha própria vida e é isso que compartilho em meus livros.

Tenho me dedicado há mais de 12 anos a observar o comportamento humano e descobri que de todas as qualidades que caracterizam a pessoa de sucesso, o mais importante são seus padrões de pensamento e sua atitude. Instituições de prestígio como a Universidade de Harvard, a Carnegie Foundation e o Stanford Research Institute mostraram que apenas 15% das razões pelas quais uma pessoa tem sucesso em suas vidas pessoais e profissionais tem a ver com suas habilidades técnicas e conhecimento profissional, enquanto os outros 85% têm a ver com seus padrões de pensamento, seu nível de motivação e sua capacidade de entrar em ação. E é exatamente isso que eu ensino.

Alguns dirão que falar sobre desenvolvimento pessoal é vender fumaça, e ainda mais se você usar um pseudônimo, mas me deixe assegurar que tudo o que compartilho com vocês me levou de ser uma pessoa solitária vivendo na casa dos meus pais, para viver no meio da natureza, em um verdadeiro paraíso na terra, com a mulher dos meus sonhos, com uma vida social agradável, e com uma situação financeira que eu não tenho que levantar todas as manhãs para trabalhar para outra pessoa. Vou parar de fazer o que me trouxe todas essas coisas, de ajudar os milhares de leitores que me seguem, por que alguém que acha que tem um intelecto superior tenta mostrar o quão errado eu estou por não estar usando meu nome real? Eu acho que não.

Quero deixar isso claro, quero que saibam que chegaram aos meus livros por uma razão, e que o universo quer te dar um empurrão para despertá-lo para o seu verdadeiro potencial, para libertá-lo e para entrar espetacularmente em sua vida. No meu trabalho compartilho minhas estratégias de pensamento para que você possa começar a desenvolver a partir desse momento uma atitude mental que vai levá-lo ao sucesso, então eu quero convidá-lo a tomar um lugar na primeira fila como meu convidado de honra, enquanto eu te guio através desta jornada de descoberta sobre seus pensamentos, sua atitude mental e seu êxito.

Nos vemos em breve!